DAS HAUS VON MIA UND HERMANN HESSE

EVA EBERWEIN | Fotografien von Martin Maier

Leben im
Einklang mit
der Natur

DAS HAUS VON MIA UND HERMANN HESSE

PRESTEL
MÜNCHEN · LONDON · NEW YORK

INHALT

EINLEITUNG

»Ich will hier nie wieder fort. Es ist so schön hier.«

Eine Besucherin des
Mia- und Hermann-Hesse-Hauses

1904 begann für den jungen Literaten Hermann Hesse ein neuer Lebensabschnitt: Er heiratete in erster Ehe die neun Jahre ältere Mia Bernoulli, zog mit ihr in das kleine Dorf Gaienhofen am Bodensee und wurde in den folgenden Jahren Vater von drei Söhnen. Als Manifestation dieses Hineingleitens in die bürgerliche Existenz ließ sich das Paar am neuen Wohnort schon bald ein Haus ganz nach seinen Bedürfnissen bauen. Die außergewöhnliche Landhausvilla, die sich Mia und Hermann Hesse etwas abseits des damaligen Ortskerns sozusagen auf den Leib schneidern ließen und die sie mit Leben füllten, war auch ein Refugium, in dem sich der Dichter seiner Arbeit widmen konnte. In der Abgeschiedenheit Gaienhofens erfuhr Hermann Hesse aber auch eine weitere Veränderung von existenzieller Bedeutung: Hier gelang ihm der Durchbruch zum anerkannten und viel gelesenen Schriftsteller. In dem alten Gaienhofener Bauernhaus ohne jeglichen Komfort, in dem das frisch vermählte Ehepaar anfangs noch zur Miete gewohnt hatte, erlebte Hesse den Erfolg seines ersten Romans *Peter Camenzind*. Die folgenden Werke, die in dem eigenen, neu gebauten Haus entstanden, mehrten seinen Ruhm. Auch heute noch ist er einer der meistgelesenen Autoren weltweit. Der Erfolg barg allerdings einen Wermutstropfen: Die treue Leserschaft begann sich für Hesses Person zu interessieren; man wollte wissen, wer dieser Genius war und wie er in diesem damals noch rein auf die Landwirtschaft ausgerichteten Dorf ganz am Rande des Deutschen Reichs lebte. Es formierte sich ein Besucherstrom, doch nicht jede Visite war willkommen. Hermann Hesse suchte jegliches Aufsehen um seine Person zu vermeiden; er war zeitlebens der Meinung, dass sein Privatleben niemanden etwas angehe.

Dass die Lebensverhältnisse dieses sensiblen Dichters mit seinem Werk enger verbunden waren, als er es wahrhaben wollte, hat einen Grund: Wohn-, Lebens- und Schaffensqualität sind untrennbar miteinander verwoben. Noch heute erlaubt das mittlerweile über hundert Jahre alte »Haus Hesse«, wie es der Verleger Albert Langen zu Zeiten des Erstbezugs nannte, viele Rückschlüsse auf den Menschen Hesse – oder besser: auf das Ehepaar Hesse. Der mit der Ausführung beauftragte Architekt Hans Hindermann vereinte die individuellen Wünsche und Bedürfnisse der Bauherrschaft mit den Prinzipien der Lebensreform, die den Zeitgeist um 1900 widerspiegelte. So entstand eine einzigartige Wohnstätte, die Schönheit, Nützlichkeit und bauliche Qualität unter einem Dach vereint. All dies sind Tugenden, die auch den heutzutage gebauten Häusern gut anständen, oftmals aber fehlen.

Die besondere Ästhetik des Hesse-Hauses konnte nur dank des überragenden Esprits der Hesses und ihres Architekten entstehen. Dieser Zusammenhang zwischen Haus und Mensch gilt aber auch andersherum – so wie der Mensch sein Haus formt, so formt auch das Haus den Menschen. Der Architekt Daniel Libeskind formulierte es folgendermaßen: »Der Bau von Häusern und Wohnungen schafft einen bestimmten Geist. Ein Architekt hat eine große Verantwortung dafür, wer wir sind.«

Das Haus der Familie Hesse hat seine Aussagekraft und atmosphärische Dichte über Generationen bewahren können. Dennoch wäre es um die Jahrtausendwende um ein Haar aus Mangel an Kenntnis und Erhaltungswillen weggerissen, entsorgt worden. Heute erstrahlt das Haus, in dem es sich so gut leben lässt, wieder in seinem ursprünglichen Glanz. Verbunden mit dem großen Namen Hesse soll es seinen Besucherinnen und Besuchern die Augen dafür öffnen, wie durch die Vermählung neuer Ideen mit dem regionaltypischen Hausbau zeitloser Wohnraum fern aller Moden entsteht und welch enormen Beitrag die Architektur zur Lebensqualität leisten kann.

Hinweis: Die den Kapiteln vorangestellten Zitate können als Destillat der jeweils nachfolgenden Kapitel gelesen werden.

oben Hermann Hesse mit Ehefrau Mia und Sohn Bruno 1913 in Bern, kurz nach dem Wegzug aus Gaienhofen.

links Hermann Hesse, 1911.

rechts Mia Bernoulli um 1903, als sie Hermann Hesse gerade kennengelernt hatte.

linke Seite Der prominente Treppenhauserker, eingelassen in die Fassade des Hauses.

Seite 2 Im Flur des Hauses auf dem Weg zu Hesses Arbeitszimmer.

Haus Hesse

DAS HAUS IN GAIENHOFEN

»In ein gleichgültiges Haus wäre ich jetzt nicht mehr gezogen«

♦

»Und jetzt erst beginnt die Zeit meines Lebens, in der ich nicht mehr zufällige und oft gewechselte Zimmer, sondern Häuser bewohnte, und in welcher diese Häuser mir lieb und wichtig wurden.«

Hermann Hesse, Beim Einzug in ein neues Haus, 1931

Das Haus als Spiegel des Selbst

Seite 8 Das Haus der Familie Hesse in der Zeit, als sie es bewohnte (1911), aufgelegt als Postkarte von Verleger A. Langen.

rechts Gaienhofen am Untersee des Bodensees, um 1930. Vorne links das Haus Hesse.

Der westliche Zipfel des Bodensees um 1900. Wer sich vom Städtchen Radolfzell her auf den Weg zum Dörfchen Gaienhofen auf der Halbinsel Höri machen will, muss sich auf einen mühsamen Weg einstellen. Nur mit Glück kann man auf einer Fähre von Radolfzell nach Iznang mitfahren und sich so die Umrundung des See-Endes, Zeller See genannt, sparen. Doch weil diese nur selten übersetzt, bleibt meist nur die staubige Straße. Es ist eher ein breiter Weg, der von Radolfzell aus alle Dörfer der Halbinsel gleich Perlen auf einer Schnur miteinander verbindet, roh und unbefestigt, daher voller Schlaglöcher. Zweimal am Tag rumpelt die Postkutsche über das Sträßchen und liefert Waren aller Art aus, die per Eisenbahn am Güterbahnhof Radolfzell angeliefert wurden. Im Gegenzug schafft das muffige, von zwei klapprigen Gäulen gezogene alte Gefährt Obst und Gemüse aus den Dörfern in die Stadt. Jeder einzelne Hof im Hinterland wird bei Bedarf angefahren, die Dauer der Fahrt richtet sich nach der jeweiligen Anzahl der Zwischenaufenthalte zum Be- und Entladen der Waren. Für Passagiere bietet die Kutsche mehr Nachteile als Vorteile, denn für den Transport bei zweifelhaftem Komfort muss gezahlt werden und es braucht bisweilen einen halben Tag, bis der Fahrgast – durchgerüttelt und am Rande der Übelkeit – endlich am gewünschten Ziel ankommt. Zu Fuß ist der Reisende deutlich schneller und günstiger unterwegs und dazu unabhängig vom Fahrplan der Kutsche. Deshalb hat es sich eingebürgert, nur die Lasten, aber nicht sich selbst der Kutsche anzuvertrauen.

Auf Schusters Rappen erreicht man von Radolfzell aus innerhalb von zwei Stunden das Dorf Gaienhofen. Der Weg führt zunächst am Ufer entlang über die Dörfer Moos und Iznang, dann landeinwärts Richtung Weiler, von wo aus der Wanderer abseits der Straße auf jahrhundertealten Hohlwegen den Wald am Ausläufer des Schiener Bergs durchquert, saftige Wiesen passiert und so den Weg zur anderen Seite der Höri abkürzt. Wenn sich nach kurzem Anstieg wieder der Bodensee zeigt, kommt auch schon das Dorf Gaienhofen mit seinen geduckten, eng stehenden Häusern in den Blick, bekrönt vom schmalen Turm der Mauritius-Kapelle als höchster Anhöhe des Orts.

Anfang des 20. Jahrhunderts bestand das malerische Gaienhofen aus einfachen, schmucklosen Fachwerkhäusern in unterschiedlichem Unterhaltungszustand, die sich scheinbar wahllos den Hang hinunter zum See staffelten. Entlang der sich schlängelnden Straße waren sie meist traufständig angeordnet, also mit der Dachneigung zur Straße gerichtet. Einige Häuser aber tanzten aus der Reihe und schoben aus irgendeinem Grund kühn ihre Giebel zur Straße; eine Hausecke ragte seltsam in den Weg, sodass Fuhrwerke knapp am Haus vorbeikurven mussten. Nur hier und da ist auf den alten Aufnahmen ein kleines Vorgärtchen zu sehen. Es herrschte der uralte Typus des Eindachhauses vor, welches Mensch und Tier unter einem einzigen, steil auskragenden Satteldach wie unter einem Hut mit breiter Krempe beherbergte. Das mittige Scheunentor teilte es in zwei Hälften. Auf der einen

Seite befand sich ein zweigeschossiger Wohntrakt mit Küche, Stube, Schlaf- und Nebenzimmern, auf der anderen Seite die »Ökonomie«, die den Lebensunterhalt sicherte: Ställe für Rinder und zwei Schlachtschweine sowie die Lagerstätten für Heu, Stroh und Feldfrüchte aller Art. Alles unter einem Dach zu haben hatte Vorzüge – das Vieh wärmte das Haus, die Wege waren kurz, alles war gut gesichert und vor Witterung geschützt.

Über Jahrhunderte war das Dorf nach praktischen und notwendigen Gesichtspunkten gewachsen, angepasst an die Härten des Alltags, ohne Anzeichen für etwas, was als pittoresk oder um der Ästhetik willen ausgelegt gesehen werden könnte. Kein zierender Sims, keine Giebelschnitzereien, nichts zweckfrei Schönes, außer im barocken Altarschmuck rund um den heiligen Mauritius in der kleinen Kirche. Das Dorf spiegelte den harten Alltag des bäuerlichen Lebens, seine Kargheit passte zu dem eher verschlossenen Menschenschlag. Wer hier Wurzeln schlagen wollte, durfte nicht so schnell darauf hoffen, vom Ort und von den Menschen getragen zu werden.

♦

Die schlechte Erreichbarkeit des Dorfes war für Hermann Hesse, der sich später mit Umwegen, Biegungen und Abgründen auf dem eigenen Lebensweg auskannte, kein Hinderungsgrund, sich hier in Gaienhofen niederzulassen. Warum aber ausgerechnet dieses stille, abgelegene Dorf? Was bewegte den jungen Schriftsteller, der später eine Berühmtheit werden sollte, gerade hier sesshaft zu werden, eine Wohnung zu mieten und später sogar ein eigenes Haus zu bauen, das ihm eine Heimat sein sollte? Dörfer wie dieses, abgeschieden von der großen weiten Welt, fand man auch auf der Schwäbischen Alb, im Allgäu oder anderswo. Nein, das Dorf selbst kann es nicht gewesen sein, das Hermann Hesse hierhergezogen hat. Es gab aber etwas, das bis zum heutigen Tag etliche Besucher herlockt und Hesse ganz besonders angesprochen haben muss: der besondere Reichtum dieser Landschaft mit ausnehmend fruchtbaren Böden, die geradezu paradiesische Fülle an Obst und Gemüse, die Vielseitigkeit der Natur mit ihren üppigen Wiesen und stillen Wäldern, mit wisperndem Schilfrohr und fulminantem Orchideen- und Enzianvorkommen. Das Auge erfreut sich an dem sanft gewellten Land unter hohem Himmel mit bisweilen jähen Wolkenbildern, an dem Ausblick auf die schroffen, schneebedeckten Alpen jenseits des Sees, der vom abgründigen Quecksilberton bis zum hellen Türkis mit immer neuen Farbschattierungen überrascht, an den malerischen Uferstädtchen der Schweiz gegenüber von Gaienhofen. Alles ist geradezu unwirklich schön, wie auf einem Gemälde komponiert.

Und doch – man muss erst einmal hierhergefunden haben, um diesen Ort lieben zu können. Ich war erstaunt, als ich im Archiv viele Jahre nach meinem Einzug in dieses Haus einen Brief von Mia Hesse fand: Sie schrieb am 3. Juli 1904 beglückt ihrem Mann, der in Calw fieberhaft am Roman *Unterm Rad* arbeitete: »Liebster Schatz, jetzt haben wir ein Nestchen! Das Häuschen in Gaienhofen nämlich!«[1] Sie war es also, die sich auf Wohnungssuche begab, sie war es auch, die – ohne dass ihr Mann die Bleibe vorher gesehen hatte – den Mietvertrag unterschrieb. Der fast zehn Jahre jüngere Hermann hatte ihr die Suche nach einem gemeinsamen Zuhause offenbar übertragen – in dieser Sache ordnete er sich unter, was selten genug in seinem Leben war. Hesse hatte Respekt vor der Lebenserfahrung und Tüchtigkeit seiner fast zehn Jahre älteren Frau und wusste, dass sie als Fotografin einen Blick für Ästhetik und einen ausgeprägten Sinn dafür hatte, »in schöner Landschaft mit schöner Aussicht, und in schönen, das heißt in charaktervollen, würdigen, nicht gleichgültigen Häusern«[2] zu leben. Nicht gleichgültig heißt: eine Bleibe wie maßgeschneidert für eigene Bedürfnisse. Das Selbst gespiegelt im Haus und in der Umgebung. Für den Bodensee hatte sich das Paar schließlich gemeinsam entschieden, das entsprach ganz Mias Wunsch, am Wasser zu wohnen. Nach langer fruchtloser Suche am See landete Mia schließlich am Untersee und klapperte die Dörfer ab. Es hätte auch irgendein anderes Dorf in dieser bukolischen Landschaft der Halbinsel Höri sein können. Es ist dem Zufall zu verdanken, dass ausgerechnet in Gaienhofen ein mietbares Gehöft zur Verfügung stand. Die Lage des Bauernhauses, in dem Mia eine zweistöckige, schon lange leer stehende und daher reichlich verwahrloste Wohnung anmietete, war für ihr geschultes Auge pittoresk: hübsch gelegen auf einer Anhöhe über dem See, in der Dorfmitte des alten Oberdorfs an einem Plätzchen neben dem Schulhaus, schräg gegenüber die ehrwürdige Mauritius-Kapelle, alles beschattet von der gewaltigen Dorflinde. Das sanfte, gleichförmige

links oben Das vermeintlich idyllische Dorfleben in Gaienhofen, gesehen durch die Linse von Mia Hesse (1904).

links unten Die erste Wohnstätte des jungen Ehepaars: ein betagtes Bauernhaus in der Dorfmitte von Gaienhofen.

unten ländlich, naturnah, einfach: das Dörfchen Gaienhofen, um 1911.

oben Die Reformzeit um 1900 idealisierte das Landleben als gesunde Alternative zum großstädtischen Treiben.

Plätschern des Brunnenwassers im öffentlichen Brunnentrog vor dem Haus beruhigte das Gemüt. Wenn man sich bei geöffnetem Fenster auf den bemoosten steinernen Fenstersims lehnte, konnte man vom ersten Stock durch die Dächer und Baumwipfel hindurch sogar einen Blick auf den See erhaschen.

♦

Die Verlegung des gemeinsamen Hausstandes nach Gaienhofen war kein simpler Umzug des jungvermählten Ehepaars Hermann und Mia Hesse, es war ein radikales Wohnexperiment. Die aus großbürgerlichen Verhältnissen stammende Mia war in dem Basler Stadtpalais der alteingesessenen Familie Bernoulli geboren worden, später war die Familie in ein modernes Stadthaus mit allem technischen Komfort gezogen. Für sie war gediegener Wohnkomfort also eine Selbstverständlichkeit. Auch Hermann war ein Stadtkind, hatte nie auf dem Lande gelebt. Wie kamen sie nur auf die Idee, in einem für sie gänzlich unbekannten Umfeld in einem sehr einfachen Bauernhaus zu wohnen?

Hermann Hesse schrieb 1924 seinen Lebenslauf, der viel über das Kind Hermann verrät: Er wurde 1877 in eine geistig rege Familie hineingeboren, deren erwerbstätige Mitglieder als Kaufleute, Buchhändler oder Missionare ihr Auskommen gefunden hatten. Sie lebten zeitweise in Indien, Frankreich, der Schweiz, England, Estland und waren damit für die damalige Zeit ausgesprochen weltläufig unterwegs. Hermanns Zuhause war eine Dienstwohnung des Calwer Verlagsvereins, in dem sein Vater arbeitete. Die Wohnung befand sich im ersten Stock eines Stadthauses und blickte auf der vorderen, hellen Seite zum Marktplatz des Schwarzwaldstädtchens Calw hinaus. Geistige Nahrung gab es hier im Überfluss. Da war zum Beispiel die großväterliche Bibliothek, die nun dem Vater gehörte – »(…) ein Saal voll alter Bücher, der unter andrem die ganze deutsche Dichtung und Philosophie des achtzehnten Jahrhunderts enthielt«.[3] Der junge Hesse verschlang alles, was es zu lesen gab.

Seine fein ausgeprägten Sinne erfüllten ihn außerdem mit Bildern und Eindrücken vom großen, damals schon alten Haus. Er kostete die Dachböden, den Garten hinter dem Haus, alle Zimmer und Kammern zu allen Jahreszeiten und Lichtstimmungen aus. In den Schränken des Hauses fanden sich exotische Mitbringsel aus der Missionarszeit in Indien, Stoffe, Holzschnitzereien, Messingschalen, die seine Fantasie anregten. Als weitere Inspirationsquelle machte sich das Kind Hermann begierig die umgebende Natur zu eigen. Als präziser Beobachter widmete er sich dem Garten, dem Fluss Nagold und den anliegenden Wäldern, den Tieren und Pflanzen, er zog kluge Schlussfolgerungen aus dem Erleben und entwickelte rasch die Gabe, das Wahrgenommene prägnant zu beschreiben. Das ist ungewöhnlich: Aus dem, was das Umfeld ihm bot, destillierte er für sich und sein Verständnis das Wesentliche mit großer Genauigkeit heraus, das nährte und stärkte ihn und machte ihn autark in seiner Haltung und in seinen Urteilen. Diese Unabhängigkeit im Denken und Wahrnehmen machte ihn allerdings auch einsam – ein Zustand, der ihn ein Leben lang begleiten sollte.

Die Untersee-Landschaft muss für Hermann Hesse ungemein reizvoll gewesen sein, die Fülle der Umgebung bot seinem empfindsamen Geist Nahrung, regte seine Gedankenwelt an und befruchtete ihn als Schriftsteller. Gaienhofen sollte für ihn zum ersten freien Ort der Entfaltung werden.

Und Mia? Was brachte sie dazu, diesen Schritt zu wagen? Sie wollte wohl der verkrusteten Enge ihrer Familie entfliehen, die nur auf das Scheitern der Beziehung zu Hermann Hesse zu warten schien. Durch den Umzug an den Bodensee würde sie dem Brennglas der Familienbeobachtung entkommen. Aber da war noch etwas anderes, was Mia und Hermann Hesse dazu brachte, ihr Leben in ganz neue Bahnen zu lenken.

Zu Beginn des 20. Jahrhunderts hatten Intellektuelle und Künstler begonnen, scheinbar unwirtliche Orte zum Leben zu erwecken, darunter das kühle und feuchte Worpswede, ein rauer, von Armut geprägter Ort im Moor bei Bremen, oder Murnau, ebenfalls in der Nähe einer Moorlandschaft gelegen. Im Leben auf dem Lande, naturnah und erdverbunden, sahen sie etwas anderes als jene, die schon immer da lebten. Die Landbevölkerung wusste nicht, wie ihr geschah; plötzlich wurde sie idealisiert, Armut und harte Arbeit wurden als Bedürfnislosigkeit und Funktionalität gepriesen.

In dieser sogenannten Reformzeit, in der schließlich auch über die Künstlerkreise hinaus eine naturnahe und erdverbundene Lebensweise propagiert wurde, konnte man in den städtischen Zeitungen der damaligen Zeit Aufrufe lesen wie »Flieh, auf, hinaus auf's Land!«. Es galt, der Enge, schlechten Luft und Rastlosigkeit der Stadt zu entfliehen und auf dem Lande zu leben, wo man die Hände in die Erde steckte, säte und erntete, statt in Fabriken ausgebeutet zu werden. Bis heute taucht dieses Ideal vom einfachen Landleben immer wieder als erstrebenswerte Lebensweise derer auf, die nicht in den harten Alltag eines Landwirts hineingeboren wurden.

Genährt von der Geisteshaltung der Reformzeit, schien für Mia und Hermann Hesse das Leben auf dem Lande in Gaienhofen eine ideale Verwirklichung einer gesunden, zeitgemäßen Lebensform zu sein. Und so kehrten die beiden im Herbst 1904 sehr entschlossen Basel den Rücken und zogen in das ortstypische Bauernhaus in Gaienhofen. Sie hatten einen radikalen Neuanfang in neuer anregender Umgebung im Sinn – alles auf null.

♦

Hermann Hesse beschreibt in seiner Erzählung »Beim Einzug in ein neues Haus« genau das Interieur des Häuschens, welches in ihm, wie er zugab, das erste Mal ein Gefühl der Sesshaftigkeit auslöste. Die größere der zwei Stuben im Erdgeschoss wurde als Wohn- und Esszimmer genutzt, denn hier stand der einzige Ofen des Hauses, mit grünen Kacheln verkleidet und mit der typischen »Chunst«, einer beheizbaren Ofenbank. Beheizt wurde der Kachelofen von der Küche. Die untere Hälfte der Stubenwand war mit Holz vertäfelt, davor waren umlaufende Holzbänke in einfachster Art angebracht, die Ablage- und Sitzmöglichkeiten boten. Nur wenige Fotos sind aus der Zeit erhalten, aufgenommen von Mia Hesse. Eines zeigt die Katze Gattamelata, die sich in der Wohnstube der Hesses auf der Ofenkunst vor der ornamen-

oben Das Haus kurz nach der Fertigstellung – noch ist der Garten nicht angelegt.

tierten Kachelwand wärmt. Auf zwei anderen ist der erstgeborene Sohn Bruno im Wännchen auf dem Dielenboden (siehe Seite 68) und beim Wickeln nach dem Bade auf dem Esstisch zu sehen. Den neben der großen Stube liegenden kleineren Raum nutzte Mia als ihr persönliches Zimmer, dort standen ihr Schreibtisch und ihr Klavier. Eine Tür weiter befand sich die Küche, mit Blick auf den Platz draußen, leider ohne fließend Wasser. Darunter der Keller, über eine äußerst steile Stiege zu erreichen, für Vorräte aller Art und für ein Fässchen Seewein, aus dem Hesse allabendlich einen Krug zu zapfen pflegte. Über dem Erdgeschoss führte eine weitere Stiege hoch in einen kleinen Flur, von dem je eine Tür zu Hesses Arbeitszimmer – mit einem eigens für ihn angefertigten Schreibtisch, von dem noch die Rede sein wird – und zu zwei Schlafstübchen öffnete. Hier oben waren die Zimmerdecken und Türstürze niedrig, man musste achtgeben, dass man sich nicht den Schädel stieß, wie es etwa Hesses Freund Stefan Zweig bei einem Besuch passierte, er war schier der Ohnmacht nahe … Von diesem Geschoss gelangte man über eine weitere Stiege zum Dachboden, der zum Lagern von Obst und Reiseutensilien verwendet wurde.

Alles in allem hatte das Haus, dessen Kern noch aus dem 15. Jahrhundert stammte, eine bewährte Anordnung, wie sie in allen süddeutschen Häusern der Zeit anzutreffen war. Nichts war repräsentativ oder großzügig, die abgewohnten Räume seit Dekaden unverändert klein, der Komfort äußerst bescheiden. Hinter dem Haus das Plumpsklo. Kein Badezimmer, man wusch sich in der Küche. Kerzen und Petroleum statt Glühlampen. Kleine Fenster, damit im Winter die Wärme nicht zu rasch entwich. Nur Stube und Küche leidlich heizbar, alle Nebenzimmer kalt. Jede Menge Mäuse im alten Gebälk und unter den Dielenbrettern, die Hesse anfänglich entweder mit der Zacherlin-Spritze erledigte – ein damals übliches Gift – oder sogar furchtlos mit der Hand fing, bevor die zugelegte Katze diese Arbeit fortan zuverlässig erledigte.

Für die beiden Stadtmenschen Mia und Hermann muss es eine radikale Umstellung gewesen sein, sich diesen Lebensverhältnissen auszusetzen. Anfangs war es wohl wie ein schönes Abenteuer, das neue Terrain zu erkunden; nicht die Einschränkungen, sondern das gleichschwingende Empfinden für erstmals gemeinsam Gesehenes und Erlebtes stand im Vordergrund.

Die gesicherte und komfortable Verhältnisse gewohnte Mia wagte mit dem mutigen Umzug nach Gaienhofen einen viel größeren Schritt der Veränderung als Hermann Hesse. Für ihn, den zehn Jahre Jüngeren, muss die bescheidene Gaienhofener Wohnung sogar als eine Weiterentwicklung in der Lebensqualität gesehen werden. Er hatte nach dem Auszug aus seinem Elternhaus bisher immer in »Buden« gelebt, in gemieteten möblierten Zimmern. In seiner Tübinger Zeit, als er sich ab 1895 als Lehrling bei der Buchhandlung Heckenhauer verdingte, schickt er nach dem Stellenantritt einen Brief an seine Eltern, beschreibt seinen Alltag und fügt eine detaillierte Zeichnung bei – »mein Tübinger Zimmer«[4].

Beim Betrachten dieser Zeichnung fällt auf, dass im offenbar großen Raum mit zwei Fenstern das Mobiliar wie an den Wänden festgeklebt zu sein scheint, die Raummitte blieb offenbar ungenutzt und damit unstrukturiert. Erkennbar sucht der junge Buchhändler den Halt der Wände mit grauer Tapete, noch tief verunsichert nach Durchlittenem in seiner Ausbildung. Die ihm wichtigsten Dinge sind in Fensternähe und damit dem Licht zugeordnet. Sein Stehpult als Zentrum seines Ideals, ein Dichter zu sein, steht jedoch merkwürdig eingezwängt zwischen den beiden Fenstern – der Blick geht auf die Wand statt aus dem Fenster hinaus. Das Bett auf der einen Zimmerseite hat seitlichen Lichteinfall, das Sofa auf der anderen Seite ebenso. Seine Zeichnung, wenngleich präzise inklusive Himmelsrichtungen ausgelegt, wirkt wie ein Kinderbild. Hier tastet sich ein junger Mensch erstmals an die Gestaltung seines Wohnumfelds heran, noch ganz unbewusst. Ich denke an meine eigene erste Studentenbude, die noch wenig von dem enthielt, was es für mich wirklich braucht, um mich wohl in den eigenen vier Wänden zu fühlen.

Drei Jahre später erläutert Hesse diesen Raum in einem kurzen Werkstück, genannt »Mein Zimmer«[5], noch einmal, aber anders: Der genauere Blick auf schöne Arrangements an Wänden und Mobiliar steht im Vordergrund, die Aufmerksamkeit wird mehr auf die persönliche Ausgestaltung gelegt. Das Stehpult befindet sich immer noch am selben Platz, aber neben den einzeln benannten Schreibutensilien und der Lampe beschreibt Hesse auch »(…) eine Flasche Odeur, als Schmuck die Bilder der Eltern und eine kleine gelbliche Goethebüste«[6] auf dem Pultsims. Hesses Liebe zu schönen Dingen und Arrangements, die das Wohnen angenehm machen, entwickelt sich, das Eigene gewinnt Raum.

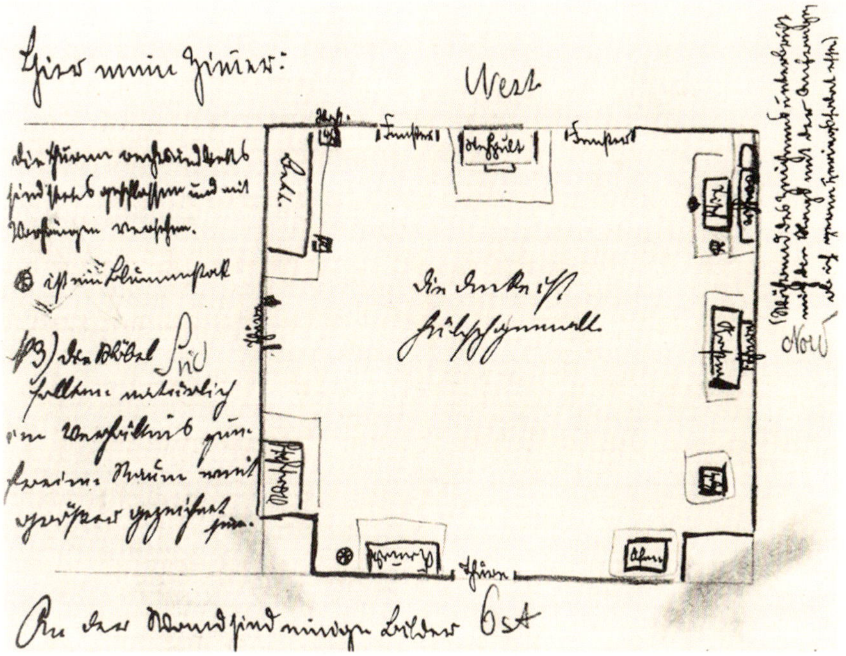

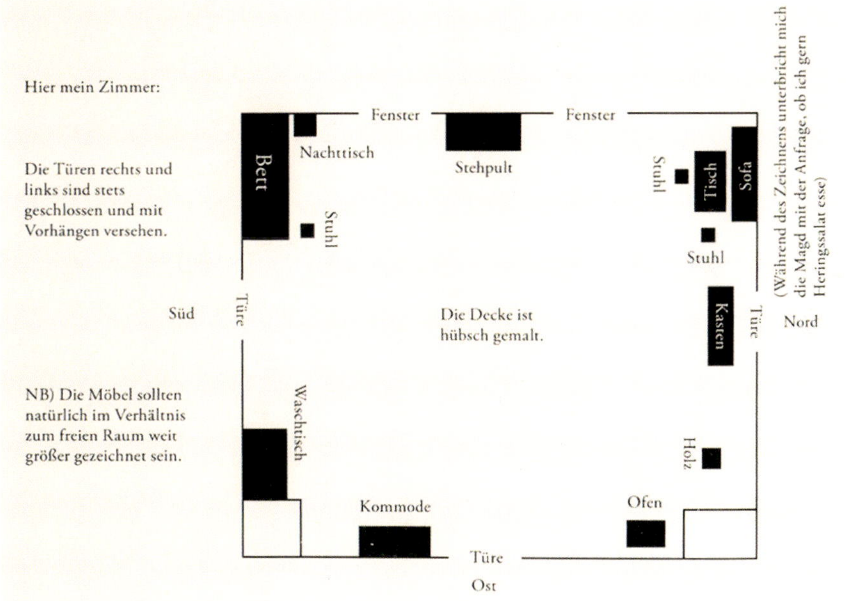

oben Ein Grundriss von Hesses Tübinger »Bude«, von ihm selbst in einem Brief an seine Eltern dargestellt. Unten ein Transkript der Handschrift.

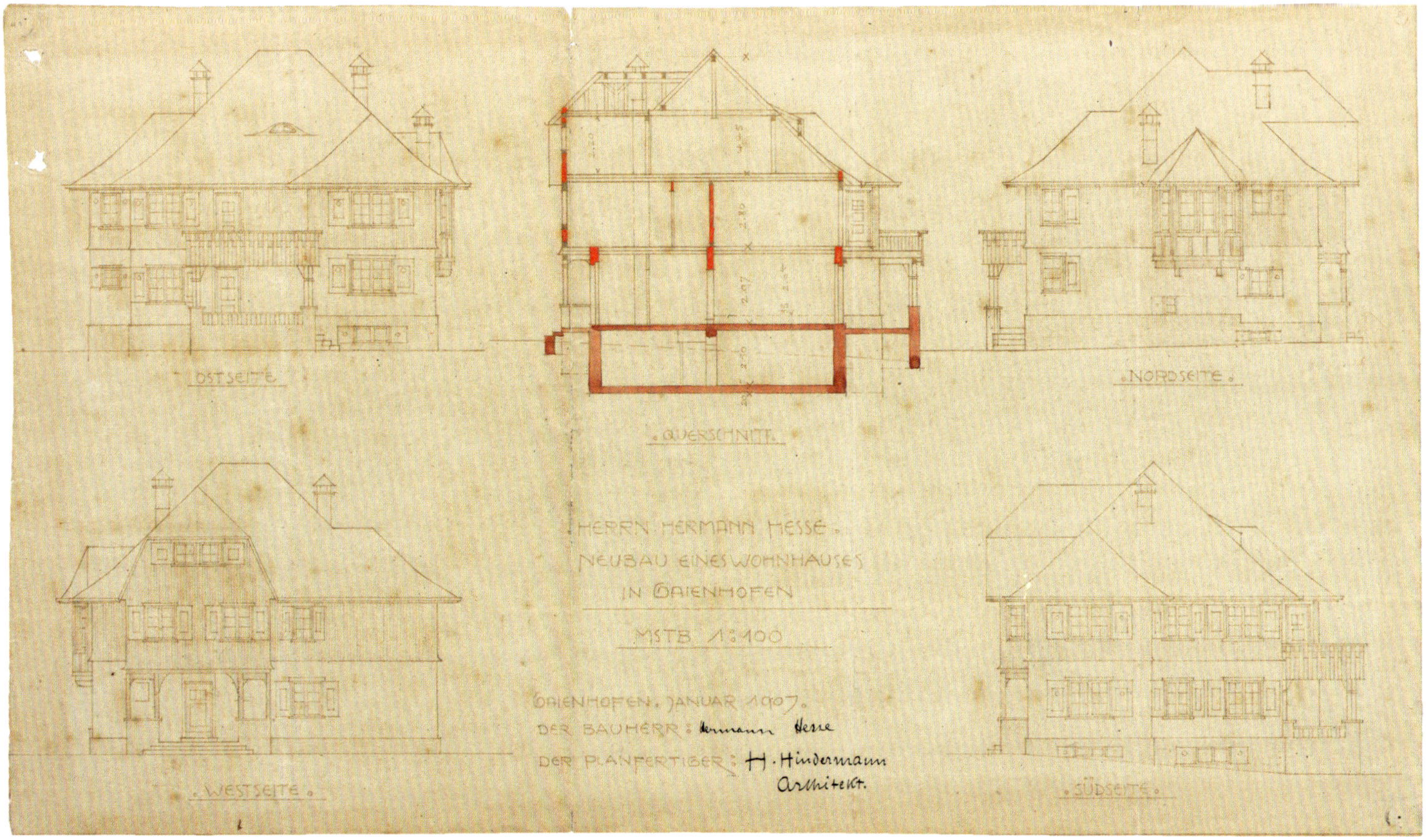

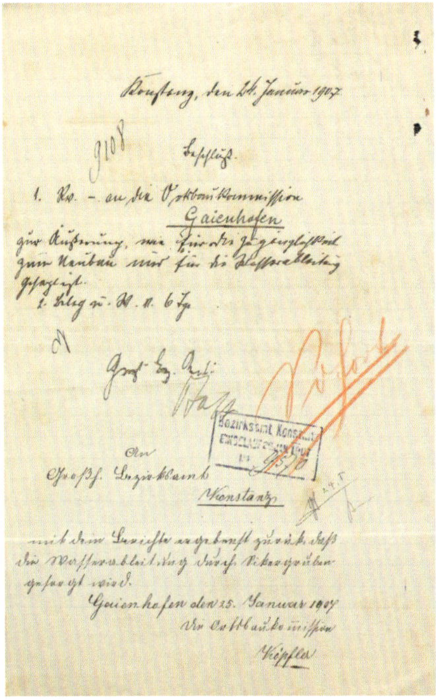

Konstanz, den 24. Januar 1907

Gaienhofen

Bezirksamt Konstanz

Konstanz

Gaienhofen den 25. Januar 1907

Sofort

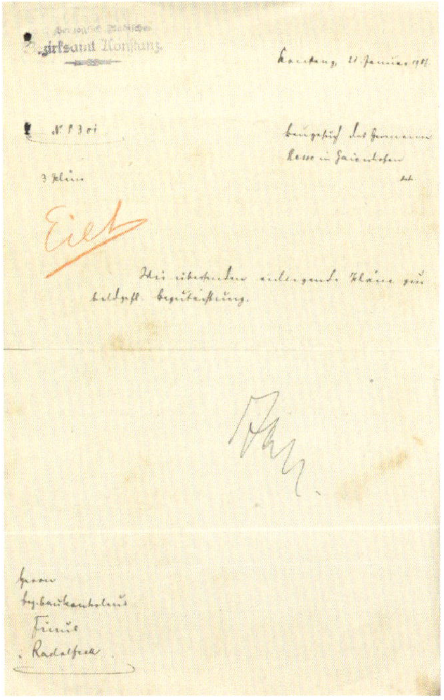

Bezirksamt Konstanz

Eilt

oben Die Hausbaupläne von 1907, Gebäudeschnitt und Außenansichten. Bauherrschaft: Hermann Hesse.

links Aus der Korrespondenz zwischen Gaienhofen und Bezirksamt Konstanz während der Bauzeit: Manifestation der Dringlichkeit in roter Schrift »Eilt« und »Sofort« vermerkt.

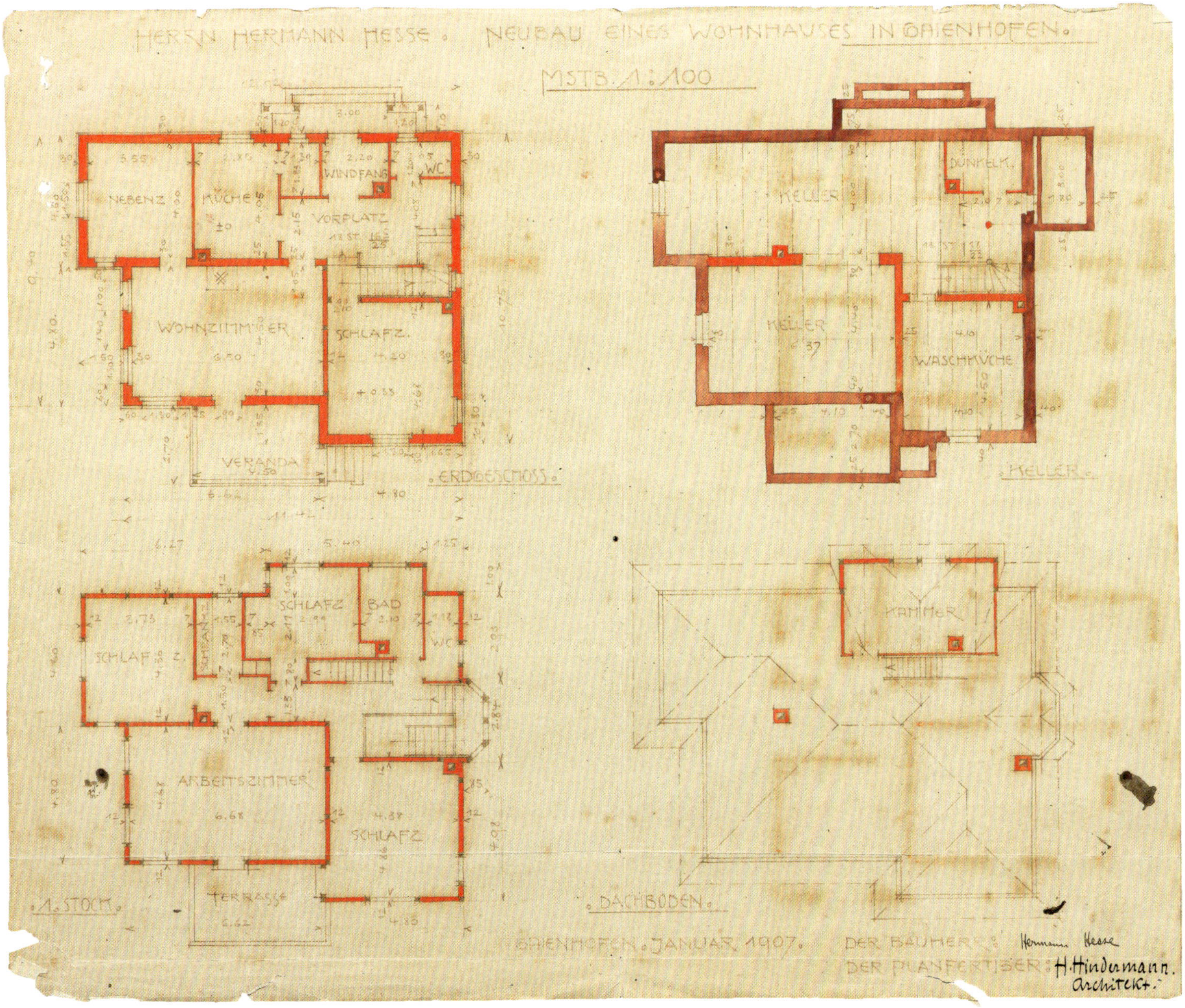

oben Die Grundrisse des Hauses von 1907. Aufteilung der Geschosse vom Keller bis zum Dachboden inklusive der Magdkammer.

oben Haus Hesse in den 1970er-Jahren, gesehen durch die fotografische Linse eines Pensionsbesuchers.

Kehren wir zurück zum Häuschen in Gaienhofen: Drei Jahre lang setzte sich das Ehepaar mit Haut und Haar allem aus, was Haus, Dorf und Landschaft zu bieten hatten. Mit der Zeit wurde ihnen ein nüchterner Blick auf das möglich, was schlussendlich doch fehlte, um sich wirklich wohlzufühlen. Die erste Begeisterung verflog, das fehlende Bad drang ins Bewusstsein, die räumliche Enge, in der man sich kaum aus dem Weg gehen konnte. Der Platz in der Dorfmitte hatte sich als Präsentierteller entpuppt, als Bühne für allerlei Getratsche über die Zugezogenen. Vor allem aber vermissten Mia und Hermann Hesse einen Garten. Nur eins war unverändert reizvoll geblieben: die Vielseitigkeit der Umgebung und der Landschaft. Und so formte sich in langen abendlichen Gesprächen ein Wunsch für die Zukunft: raus aus den beengten Wohnverhältnissen und der leidigen Dorfmitte und hin zu mehr komfortablem Raum und dem, was den eigenen Vorstellungen entsprach. Die Gelegenheit war günstig: Hermann Hesse hatte durch die Herausgabe seines Romans *Peter Camenzind* ein Honorar von etwa 3.000 Reichsmark erhalten, was angesichts der Miete für die aktuelle Wohnung von 150 Mark jährlich eine Menge Geld war. Der Gedanke reifte, ein Haus nach eigenen Vorstellungen zu bauen.

Auf einmal ging alles recht schnell. 1906 flatterte vonseiten des Hausbesitzers die Kündigung wegen Eigenbedarf auf den Tisch des Ehepaars, was den Plan der eigenen vier Wände beflügelte. Schon im Januar 1907 gelang es Hermann Hesse, westlich vom Dorf 16 Ar bestes Wiesenland für einen vergleichsweise lächerlichen Preis zu erwerben: »(…) das Quadratmeter kostete etwa zwei oder drei Groschen«[7]. Die Lage des Grundstücks signalisiert, dass ein größtmöglicher Abstand zum Dorf gewählt wurde, um dem täglichen spottenden Visus der Bauern zu entgehen, ohne dabei die Anbindung an die für das Ehepaar wichtigste Infrastruktur der Schiffslände gänzlich zu verlieren. Das Dorf kam aus dem Staunen nicht heraus: Noch im gleichen Monat wurden in der Gaienhofener Ratsstube die Baupläne für ein opulentes, zweigeschossiges, freistehendes Wohnhaus zwecks Genehmigung eingereicht, voll unterkellert und mit aufwendiger Dachlandschaft, unterzeichnet mit Hermann Hesses markantem Schriftzug als Bauherrschaft. Als Planfertiger und Architekt gab sich ein Hans

Hindermann zu erkennen. Aha, der Herr Hesse war wohl doch kein »Fuulenzer« und Tagedieb, als den ihn die Dorfleute empfanden. Wer so eine Villa bauen lassen konnte, musste vermögend sein, und man vermerkte mit Rotstift Worte wie »Eilt« und »Rasch zu erledigen« auf den Plänen, um dieser Bauherrschaft den nötigen Respekt zu zollen. Noch im Januar wurde die Genehmigung erteilt, und am Stammtisch in Gaienhofen wusste man zu berichten, dass Tag und Nacht die Wagen achtspännig Baumaterialien auf den Hügel zur Baustelle hinauffuhren. Innerhalb von acht Monaten entstand dort ein gediegenes, nagelneues Landhaus, so wie man es bis dato noch nicht gesehen hatte. Beglückt zog das Ehepaar mit dem erstgeborenen Sohn Bruno noch im September desselben Jahres ein.

Etwas völlig Neues war entstanden. Hesses zahlreiche Besucher hatten meist den langen Fußweg von Radolfzell bis ins Dorf hinter sich, wenn sie endlich auf der Anhöhe am Ortsende das eigentümlich graugrün gestrichene Haus mit petrolfarbenen Läden und milchig rosafarbenem Erdgeschoss ausmachten. Beim Anstieg wurden nach und nach weitere Details erkennbar: Die sanft geschwungene unregelmäßige Dachlandschaft, die Walm- und Satteldachelemente harmonisch zusammenfügte, kragte weit über die Fassade des Hauses hinaus. Schon von Weitem waren auch die hervorspringenden Fassadenelemente zu erkennen, bautechnisch als Risalite bezeichnet. Sie sorgten dafür, dass die Räume von mehreren Himmelsrichtungen Lichteinfall bekamen. Besonders auffällig war der kantige Erker an der Nordfassade des Hauses, mit vier eingelassenen Sprossenfenstern und einer Turmhaube versehen. Wie ein Wachturm war er zum Dorf hin ausgerichtet. Sein Sockel, gehalten von zwei starken wuchtig-kantigen Holzelementen, die sich auf Sandsteinanker in der Fassade stützten, wies als Konzession an die hiesige Bautradition sichtbares Fachwerk auf.

Wenn der Besucher den Eingang in das Grundstück gefunden hatte und schließlich auf dem Mittelweg auf diesen Erker zuging, erkannte er weitere Details. Das erste Geschoss war in einen Holzschindelmantel eingekleidet, die Außenwand des Erdgeschosses darunter in neuester Machart mit Rauputz gestaltet. Dass die obere Hälfte des Kellerbereichs über Erdniveau lag, war dem damals hoch stehenden Grundwasser geschuldet. Die knapp über der Erde im Fassadensockel eingelassenen Kellerluken waren mit petrolfarbenen Holzklappläden geschlossen, damit der Keller kühl blieb. Das Grau des Fassadensockels harmonierte perfekt mit den Fensterlaibungen im Erdgeschoss: handbehauen aus lokalem Molasse-Sandstein, der nichts anderes als jahrmillionenaltes gepresstes und verfestigtes Süßwassersediment ist und eigens für den Bau aus einem Steinbruch aus dem nahen Öhningen herangeschafft worden war. In regelmäßiger Anordnung lagen die einfachen, weiß gestrichenen Sprossenfenster in der Fassade, rechts und links begleitet von zweiflügeligen, schlicht gehaltenen Schlagläden, deren Sichtöffnungen als je ein grobes, eckiges Herz ausgestaltet waren. Auf dem Kiesplatz am Erkerturm angekommen, hielt man vergebens Ausschau nach der Haustüre. Nur Eingeweihte wussten, dass sie seitlich gen Westen ausgerichtet war.

Das imposante attraktive Haus, puristisch und funktional, hatte seine Vorbilder in den Reformlandhäusern in der nahen Schweiz. Hier in der Fremde war ein Stück Schweizer Heimat mit den Möglichkeiten der damaligen neuen Zeit gebaut worden. Schweizer Heimat? Niemand ahnte, dass dieses Bauwerk im Wesentlichen von einem Darlehen von Mias Vater bestritten worden war. Es war auch Mia gewesen, die den Architekten Hans Hindermann – der übrigens weitläufig mit ihr verwandt war – ausgewählt und mit ihm Baustil und Ausgestaltung des Hauses festgelegt hatte. Sowohl Mia als auch Hinder-

rechts Die heutige Ansicht des Mia- und Hermann-Hesse-Hauses, von Süden über den Garten gesehen (2020).

mann waren von Schweizer Herkunft und hatten ein Faible für die Reformbauweise. Hindermann hatte dessen Leitmotive – Schlichtheit, Helligkeit, Natürlichkeit, Schönheit – im Studium in München kennengelernt und brachte viel Neues in den verschlafenen Ort Gaienhofen: die Verwendung von ungewöhnlichen Farbstellungen, moderne Baumaterialien wie Beton, Fertigbauwände im Inneren und Linoleum als Fußbodenbelag. Alles in schlichter, aber qualitätsvoller Ausführung.

Ganz im Stil der Zeit stand das Haus mitten im Gartengelände, beides verband sich mittels einer Fassadenbegrünung harmonisch miteinander. Auch der Übergang vom Garten in die Landschaft war fließend und nicht genau auszumachen. Denn auch das war Gedankengut der Reformzeit: Niemals sollte ein Haus als Fremdkörper wirken. Die Hauskomposition wirkte derart überzeugend, dass zwei weitere Herrschaften aus Gaienhofen Hans Hindermann mit je einem Hausbau beauftragten: Ludwig Finckh, der seinem Tübinger Freund Hesse schon 1905 nach Gaienhofen hinterhergezogen war, und Schneidermeister Köpfler, dessen Haus schräg unterhalb Hesses Haus entstand. Beide Bauten sind heute noch erhalten.

Überregionale Aufmerksamkeit erweckte das Haus 1909 in einem Beitrag für die *Architektonische Rundschau*[8]. Das gehörte nun zu den von Hesse als unangenehm empfundenen Seiten des Schriftstellerlebens: Durch seine Bücher geriet er in den Fokus der Öffentlichkeit und man begann sich dafür zu interessieren, wo und wie er lebte. Was für ihn und Mia noch ein mutiger Sprung ins Ungewisse gewesen war, fand nun Nachahmer. Das Dörfchen Gaienhofen wurde für Sommerfrischler und Kulturfreunde attraktiv. Einsamkeit und Abgeschiedenheit schmolzen dahin, bald musste die Familie jederzeit damit rechnen, dass ein ungebetener Gast plötzlich in den Blumenbeeten stand.

Heute ist Gaienhofen ein modernes Dorf und vereint sich mit seinen Nachbardörfern allmählich zu einem einheitlichen Häusergemenge. Längst hat sich das Dorf auch den Hügel hinaufgearbeitet und etliche neuzeitliche Häuser flankieren das damals einsam auf dem Hügel stehende Haus. Nur der Garten, der größtenteils erhalten beziehungsweise restauriert wurde, sorgt für Abstand. Ganz gleich, was diesem Haus in den hundert Jahren nach Hesse widerfahren ist in Form von Nichtachtung, Überlagerungen mit nichtssagenden Materialien oder mangelnder Unterhaltung der Bausubstanz: Niemand gelang es, diesem Haus die Strahlkraft des Besonderen zu nehmen und seine außergewöhnliche Atmosphäre gänzlich zu zerstören. Das Haus ist stets stärker gewesen, bis heute.

♦

2
NATUR-GARTEN

ORIENTIERUNG IM ZWISCHENREICH

Der Eingang

♦

»Wenn am Haus geläutet wird, sehen wir freilich aus keinem Fenster hin. Aber das ist hier, bei den vollkommen ländlich kleinen Verhältnissen, unwesentlich. Bis jetzt gibt es im Dorf überhaupt kein Haus, das eine Türglocke besitzt, und vielleicht bringe auch ich keine an. Wenn man daheim ist, läßt man die Leute hereinkommen und fragen, was sie wollen; ist man fort, so ist die Tür geschlossen.«

Hermann Hesse, Brief an seinen Vater Johannes Hesse, 31.1.1907

Fliegende Händler, Postboten und gute Freunde

Seite 24 Den einladenden Eingangsbereich des Hauses passierten gute Freunde, geladene Gäste, aber auch ungebetene Besucher aller Art.

rechts Seit über hundert Jahren führt der Treppenaufgang im Flur zum Arbeitszimmer des Schriftstellers.

Ein unwiderstehlicher Duft nach Sommer entsteigt dem dampfenden Topf auf dem Herd, die rot glänzende Masse wirft schmatzend Blasen. Ich bin sehr zufrieden: Am Morgen habe ich die Jahresernte von wenigen Handvoll sehr kleiner Walderdbeeren im Garten abgelesen, die so unerhört aromatisch sind, dass sie nun ihre kostbare Essenz an die gewöhnlichen Gartenerdbeeren im Topf abgeben. Mir läuft das Wasser im Munde zusammen, als ich langsam rührend von einem frisch-knusprigen Croissant mit der außergewöhnlichen Marmelade fantasiere, die da gerade entsteht. Jäh zerplatzt mein Tagtraum wie eine Seifenblase – »Oh, verzeihen Sie, ich dachte, dieser Raum sei auch zu besichtigen«, dringt eine wildfremde Stimme von hinten an mein Ohr. Der Löffel fällt klatschend in die rote Masse, ich fahre erschrocken herum, da hat sich die Küchentür auch schon wieder geschlossen. Ich sehe noch die Messingklinke, wie sie sich – von einer unsichtbaren Hand außen geführt – sanft wieder hebt. In mir brodelt es. Ich ziehe den Topf vom Herd; den richtigen Zeitpunkt für das Abfüllen meiner Kostbarkeit in die vorbereiteten Gläser verpasse ich nun, aber ich will den ungebetenen Eindringling gern sprechen. Wer war das? Und wie kommt jemand dazu, so mir nichts, dir nichts durch unser Haus zu spazieren?

Oft habe ich schon erlebt, dass distanzlose Zeitgenossen in die Privatsphäre dieses Hauses vorstoßen. Mir sind sogar schon unerwünschte Gäste untergekommen, die ungerührt auch dann weiter fotografierten, nachdem sie in Haus und Garten ertappt und aufgefordert worden waren, zu gehen. Dieses Mal ist es eine sichtlich verlegene Frau, natürlich mit Fotoapparat in der Hand, die ich noch im Flur antreffe. Sie zeigt sich schuldbewusst, diese Haltung ist meiner Erfahrung nach die Ausnahme. Die einladende Haustür habe sie geradezu aufgefordert zu schauen, was sich dahinter verberge, verteidigt sie sich kleinlaut. Höflich bitte ich sie, zu gehen und meine Privatsphäre zu respektieren.

Als sie endlich fort ist, ist die Marmelade im Topf längst fest geworden. Ich habe jetzt keine Nerven für dieses Desaster, also gehe ich wieder nach draußen, ziehe einen der vielen Gartenstühle heran und mache eine Pause, um wieder ruhiger zu werden. Mein Blick fällt auf den Eingangsbereich mit der schlichten Haustüre, die wie zu Hesses Zeiten nie abgesperrt ist. Ganz bewusst lasse ich den Bereich auf mich wirken. Er scheint den Hausgast wirklich willkommen zu heißen. Was ist es, was ihn so einladend macht? Was hatte man sich bei seinem Bau gedacht, was sollte er leisten? Und hatte vor hundert Jahren der Hausherr ähnliche Probleme mit der Übergriffigkeit ungebetener Besucher?

♦

Vom Kiesplatz zwischen Gartentörchen und Haus führen zwei breite Sandsteinstufen auf ein kleines Podest, welches Raum für gerade einmal

oben Die Anordnung von Türen, Geländer, Bank und Balkenwerk sorgt für spannungsreiche Abwechslung im Flur.

zwei Personen bietet. Hier können sich die Besucher noch einmal sammeln, bevor sie an die Tür klopfen oder sich durch Rufe anmelden. Das Plätzchen ist durch das auskragende Obergeschoss vor Wind und Wetter geschützt, durch diese Überdachung scheinen Aufgang und Podest ein Stück nach innen in das Haus hineingezogen. Zwei flankierende mächtige Holzpfosten lassen den Eindruck eines Torbogens entstehen, der die mittig eingelassene Eingangstür hervorhebt. Rechts und links der Haustür läuft das Podest hinter einer Balustrade aus rötlich gestrichenen Kanthölzern jeweils zwei Meter weiter, der Eingangsbereich wirkt deshalb wie ein kleiner Balkon. Die beiden Fensterchen, die auf jeder Seite über die Brüstung schauen, tragen zum harmonischen Gesamteindruck bei.

Ich bin wieder einmal tief beeindruckt von dieser detailreichen Gestaltung, die nicht nur wohltuend und sehr anheimelnd wirkt, sondern auch überaus praktisch ist. Im Sommer finden dort bestens geschützt meine Geranien einen

Ort zum Blühen und Gedeihen. Im Herbst nutze ich den wertvollen Platz, um auf zwei alten Bänkchen links und rechts körbeweise das geerntete Obst trocken, kühl und griffbereit zu lagern. Eine Fotografie aus Hesses Zeiten zeigt, dass mir diese Idee nicht als Erste gekommen ist: Auf ihr sieht man seine neiderregende Kürbisernte aufgetürmt und präsentiert. Das Podest eignet sich auch bestens für Schuhe, die man hier in der Region vor Betreten eines Hauses tunlichst ablegt, um das Hausinnere nicht mit Schmutz zu beleidigen. Das ist eine Sitte, die ich aus dem Rheinland, wo ich geboren bin, nicht kannte. Doch der rügende Blick meiner Gaienhofener Großmutter auf unser Schuhwerk genügte, um ihren Sohn und seine Familie zum Ausziehen der Schuhe zu ermahnen.

Der äußere Eingangsbereich umfasst nur ein paar Quadratmeter, und doch trägt diese klug gestaltete Fläche enorm zur Wohn- und Lebensqualität bei. An modernen, blassen Wohnschachteln ist so etwas nicht zu sehen, die Sorgfalt und Reichhaltigkeit einer einladenden Formgebung wurde irgendwann auf dem Altar der Kostenersparnis geopfert. Heutige Haustüren wirken fast immer wie unvermittelt in die Fassade hineingeklatscht, kaum jemand möchte für einen Ort des Ankommens teure Wohnfläche opfern. Selbst Vordach und seitlicher Wetterschutz fehlen meist in der Planung und werden erst nach dem Einzug, wenn die Bewohner feststellen, dass der Schlagregen unter der Tür durchdrückt, aus irgendeinem unansehnlichen Plastikmaterial angeschraubt.

Wie viel Wissen um Material und Konstruktion, über Lebensgewohnheiten der Bewohner und Ästhetik steckt allein schon in dem Eingangswerk von Hesses Haus in Gaienhofen! Alles ist einfach, aber solide ausgeführt. Ja, da hatte die Frau, die meine Erdbeermarmelade zu einem unguten Ende brachte, recht: Dieses Türwerk ist durchweg anziehend. Es bildet eine Grenze, aber eine, die einlädt, sie zu überschreiten. Das alte Prinzip, dass ein Werkstück möglichst vielen Zwecken dienen soll, führt hier nicht zu Beliebigkeit und zu einem Eindruck von »viel gewollt, aber wenig gekonnt«, sondern zu einer vielschichtigen Situation, die Besucher willkommen heißt.

♦

Auch die Haustür selbst zeugt vom Umgang mit denen, die eintreten wollen. Am Gaienhofener Haus ist sie eine geradlinige Maßarbeit aus braun gestrichenem Fichtenholz, frei von Ornamenten, in den Angeln gehalten von starken handgeschmiedeten, aber schmucklosen Türbändern. Eingelassen ist sie in grauen Molasse-Sandstein, mit der Hand bearbeitet und sorgfältig gerieft, an den Kanten gefällig abgerundet. Im oberen Türdrittel, oberhalb eines sogenannten Türkämpfers, sind drei Reihen von kleinen rechteckigen Gläsern in die Türfläche einzeln eingelassen, jedes ein Fensterchen für sich und gerade einmal so groß wie eine Handfläche. Hier hat der Baumeister wieder einmal den gestalterischen Geschmack der damaligen Zeit mit dem Nützlichen verbunden: Das Glas lässt Licht nach innen und erlaubt in Augenhöhe den Blick nach außen, aber von außen sieht man nicht viel. Wer sein Gesicht nah ans Glas heranführt, sieht gerade einmal bis zur Windfangtür, die zwei Meter hinter der Eingangstür zum eigentlichen Wohnraum führt.

Bemerkenswert an der Haustür ist auch die Messingklinke mit ihrem leichten, harmonischen Schwung. Sie gibt bei Betätigung ein charakteristisch schnarrendes Geräusch von sich, ich würde sie blind aus hundert anderen Türklinken heraushören. Das schlichte, lang gezogene Messingschild weist ein großes Schlüsselloch auf. Es muss ein mächtiger Schlüssel gewesen sein,

rechts Vom Sträßchen durch das Gartentor kann jeder Besucher die tief hinter die Fassade gelegte Haustür entdecken.

mit dem Hesse und seine Frau diese Tür öffnen und abschließen konnten; er ist leider verloren gegangen. Meine Fantasie lässt in mir das Bild aufsteigen, dass eine der späteren Besitzerinnen den Schlüssel nach ihrem Auszug als Erinnerung mitnahm, so machten es die ostpreußischen und schlesischen Flüchtlinge, als sie von Haus und Hof vertrieben wurden. Ich musste ein neues, zusätzliches Schloss in die Tür einbauen lassen. Rechts von der Tür habe ich auch eine einfache Bronzeglocke am Sandstein angebracht, die mittels Seil und Klöppel betätigt wird. Hesse kam damals vermutlich zum Schluss, dass eine Klingel nicht notwendig sei, denn es gibt keine Löcher, die auf eine entsprechende Befestigung hinweisen.

Eine Haustür hat beides: das Einladende, Aufnehmende für diejenigen, die im Haus willkommen sind, aber auch das schützend Abweisende, um unerwünschten Besuch draußen zu lassen. Sie ist eine Visitenkarte, ein Vorgeschmack für das, was dahinter kommt – pompös ornamentiert oder schlicht, sich dem Auge aufdrängend oder vornehm zurückhaltend, einflügelig oder gar zweiflügelig.

Welch' andere Anmutung haben dagegen die abweisenden Türödnisse der Sechzigerjahre! Die Mode der damaligen Zeit verlangte kupfergetriebene Flächen, die eher an Zugänge zu Panzerschränken als zu bewohnten Bereichen erinnerten. Scheußliche Ätzgravuren oder Faltungen sollten wohl ablenken von dem eindeutigen Signal an die auf Einlass Wartenden: »Bis hierhin und nicht weiter!« Aus der Brücke zum Inneren des Hauses war eine abweisende Grenze geworden. Das gilt auch für die gesichtslosen, glatten Türen der letzten Jahrzehnte, auch wenn sie nicht ganz so wehrhaft wirken. Einheitsware aus Massenproduktion, bei der der RAL-Farbenkatalog eine Vielfalt vortäuscht, die eigentlich gar nicht vorhanden ist – Normmaß mit schmalem Milchglasfenster links oder rechts, dazu ein Edelstahlgriff.

Verunstaltungen dieser Art sind im Lauf der Jahrzehnte auch bis zum Anwesen der Hesses vorgedrungen. Die Haustür selbst blieb dankenswerterweise erhalten. Doch bei Übernahme des Hauses fand ich neben ihr einen wenig ansehnlichen Allerwelts-Blechpostkasten nebst Klingelanlage vor, mit Plastikdübeln roh am gerieften Sandstein angebracht. Dieses Ensemble habe ich umgehend entsorgt.

Einen Postkasten brauchte Hesse nicht, denn einmal täglich brachte mein Großvater einen Waschkorb voller Briefe, Zeitschriften und Pakete hierher hoch ins Haus, auf seinem Rückweg nahm er die Sendungen der Hesses mit hinunter. Unten im Dorf wunderte man sich über die viele Post, die der Dichter bekam. Nur Ludwig Finckh konnte da mithalten. Für die beiden Herrschaften wurde schließlich eine eigene Poststelle in Gaienhofen eingerichtet. Es war mein Großvater, der für die Zustellung der Post an diese besonderen Kunden verantwortlich war und für den pünktlichen Weitertransport der von ihnen aufgegebenen Briefe per Postkutsche zu sorgen hatte. Am Stammtisch in der Gaienhofener Kneipe meines Großvaters fragte man sich, ob das alles denn auch gelesen wurde, man selbst bekam nur selten Briefe oder andere Sendungen. Zeitungen brauchte man nicht, denn samstags kam der alte Weiermann als Ausscheller, der verkündete, was in der Welt da draußen los war, das reichte zum Leben.

♦

Hier im Gaienhofener Haus ging man mit dem Publikumsverkehr anders um. Die fernmündliche Anmeldung kam nicht infrage, das einzige Telefon des Dorfes gab es unten im Dorf in der Wirtschaft meines Großvaters. Auch dass der Gast manchmal schneller vor Ort war als die Post, die ihn ankündigte, störte nicht. Der Besuch ging also einfach hinein in das Haus. Die Tür stand in der warmen Jahreszeit sowieso weit offen, die Kinder sprangen rein und raus, Mia holte Gemüse aus dem Garten oder trug Küchenabfälle auf den Kompost, die Katze hatte mittlerweile Junge, die sie hin- und herschleppte. Es war ein lebendiges Treiben.

Viele Menschen kamen durch diese Tür. Ludwig Finckh etwa, der Freund aus Tübinger Zeit, der sich dem Beispiel der Hesses folgend in Gaienhofen in Sichtweite niedergelassen hatte. Dann waren da die Freunde und Verwandten des Paars, die neugierig waren zu sehen, wie sich Hermann und Mia hier eingerichtet hatten, »für Lebzeiten«[9], so schien es. Wenn der Ehemann mal wieder verreist war, leisteten wechselweise Tuccia und Emma Bernoulli ihrer Schwester Mia Gesellschaft. Hesses Schwester Marulla sprang ein, als Hermann sich auf seine Indienreise begab und die Wöchnerin Mia Unterstützung brauchte. Der Verleger Albert Langen versuchte Hesse hier zu überreden, seine Bücher bei ihm statt bei Fischer verlegen zu lassen. Olaf Gulbransson kam mit seiner Frau und blieb gleich ein halbes Jahr. Kurz zuvor hatte der Innenarchitekt und Malerfreund Otto Blümel im Haus eine Scherenschnittmoritat als Abschied aufgeführt. Zu den Besuchern gehörten auch die fliegenden Händler, die in ländlichen Gebieten von Haus zu Haus gingen, um Kurzwaren oder Dienstleistungen wie Scherenschleifen anzubieten. Auch der Steuereintreiber von Gaienhofen wurde turnusmäßig vorstellig.

Heute wie damals gehen die Besucher auf schlichten, diagonal verlegten braunroten Steinzeugfliesen, die nun über hundert Jahre schadlos überstanden haben, ins Haus hinein. Der Hausplan zeigt, dass sich zwischen Haus- und Windfangtür zur Linken anfangs noch eine eingelassene Garderobe oder Abstellmöglichkeit befand, die irgendwann zurückgebaut wurde. Die Hand

betätigt die Klinke der Windfangtür, die leicht wie eine Zimmertür gebaut ist, mit einem die obere Türhälfte einnehmenden Sprossenfenster. Die Messingklinke liegt auffallend gut in der Hand – der Entwurf stammt vom Architekten Hans Hindermann und war eigens für die Zimmertüren dieses Haus bestimmt. Mit dem Öffnen der Windfangtür stehen die Besucher schon im Inneren des Hauses, im Flur des Erdgeschosses. Im sanften Nordlicht, das ein Fenster zur Linken spendet, sehen sie vor sich eine einladende Bank mit klappbarer Sitzfläche, darunter wurden vermutlich Schuhe und Taschen verstaut, die Rückenlehne bildet die mächtige, nach links oben führende hölzerne Treppenwange. Zur Rechten sieht man durch die geöffnete Küchentür den Herd. Schräg rechts vor sich führt eine Tür in eine geräumige Stube.

Spätestens jetzt würde Mia erscheinen, sie ist die Wächterin des Erdgeschosses, ihr Mann arbeitet meist entweder oben in der Bibliothek oder im Garten. Hier im Flur trifft sie die Entscheidung, in welche Wohnbereiche die Besucher weiter vorgelassen werden. Enge Freunde und Familienangehörige bittet sie gleich die Treppe hinauf zu ihrem Mann, man kennt sich ja aus. Der Händler mit Kurzwaren oder Töpfen darf in die Küche oder vielleicht in die Stube treten, um seine Waren auszubreiten. Es lässt sich auch nicht vermeiden, dass Mia den Gaienhofener Steuereintreiber in die Stube führt, wo sie ihm am Tisch das geschuldete Geld auszahlt, bittet, die Quittung nicht zu vergessen. Und da betritt auch mein Großvater das Haus, lang ersehnt, weil ein bestimmter Brief dringend erwartet wird. Vielleicht kommt der Hausherr aus seinem Arbeitszimmer herunter, um selbst zu sehen, was die Post gebracht hat, wer weiß. So wird der Flur zu einem Verteiler – die einen werden in den privaten Kern des Hauses vorgelassen, andere müssen sich mit Stube oder Küche begnügen oder werden sogar gleich an der Klappbank abgefertigt.

Diese Sichtung der Ankommenden wird für Mia schon nach wenigen Jahren zu einer zeitraubenden Unannehmlichkeit. Denn je bekannter Hesse wird, desto häufiger kommen ungebetene Gäste. Beseelt durch Hesses Werk nimmt so mancher Bewunderer die lange Anreise auf sich.

links Schöne Details: Fensteroliven aus Messing, handgearbeitete Türdrücker (Mitte) sowie Saargemünder Tonfliesen am Flurboden (rechts).

Auf die Frage im Dörfchen, wo denn der Meister wohne, weist man dem Fremden den Weg den Hügel hinauf. Da steht er dann nach anstrengendem Aufstieg kurz vor dem ersehnten Ziel, vielleicht mit einem Geschenk in der Hand, in Gedanken die wohlüberlegten Worte zur Begrüßung des geschätzten Schriftstellers noch einmal im Sinn bewegend. Der lange Weg durch den Garten führt ihn auf das Haus zu, etwas ratlos mag er da unter dem wuchtigen Erker an der Nordfassade innehalten: Wo ist denn die Haustür? Es braucht einen weiteren Energieschub, um sich auf die Suche rund um das Haus zu begeben, die er schließlich auf der vom Dorf kommend nicht einsehbaren Westseite des Hauses findet. Ob Mia wohl auch einmal beim Einkochen der Erdbeeren gestört wurde?

Sie musste wachsam sein, dass niemand ungefragt weiter als in den Flur vordrang. Vermutlich hat sie unangemeldeten Besuchern freundlich, aber sehr bestimmt schon an der Windfangtür den weiteren Zugang verwehrt, gab vor, ihr Mann sei abwesend, denn sie wusste sehr genau, wie sehr er solche Störungen durch Fremde hasste. Ich kann mir gut vorstellen, dass sie gutwillig die ihm zugedachten Geschenke entgegennahm, versprach, den Gruß auszurichten, und dann die Herrschaften wieder zur Tür hinausschob. Von ihrem Mann ist eine andere Technik überliefert, um ungebetene Besucher abzuweisen: Kräftige junge Männer nutzte er auch schon mal zum Unkrautjäten, bevor sie wieder gehen durften. Später, in Montagnola, gab er einmal vor, nur der Gärtner zu sein, als ihn ein lästiger Besucher, sich über den Zaun beugend, ansprach.

Bald konnte Familie Hesse tagsüber die Tür nicht mehr offen stehen lassen, zu viele Menschen kamen des Weges gepilgert. Der Besucherstrom kostete die Bewohner des Hauses viel Zeit und störte die Abläufe. Auch später, als die Hesses das Haus längst verkauft hatten, zog der große Name noch viele ungebetene Gäste an. Die Malerwitwe Lenore Waentig, eine der nachfolgenden Eigentümerinnen, konnte böse werden, wenn jemand durch die bei ihr stets geöffnete Tür bis ins Haus vordrang, um »schnell mal eben« einen Blick in die Bibliothek zu werfen, das erzählte sie empört meiner Mutter bei ihren regelmäßigen Teebesuchen. Während zu Hesses Zeiten die Einzäunung nur aus zwei Drähten bestand, die Hecke noch winzig klein und am Hauptweg kein Tor war, muss man heute einen massiveren Zaun, eine hohe Hecke oder das Gartentor überwinden, um ins Haus zu gelangen. Aber selbst das hindert die meisten nicht wirklich.

♦

Flure sind zentrale Verteiler. Sie zählen mit den verschiedenen Zimmertüren und Durchgängen die Möglichkeiten auf. Bei mehrgeschossigen Häusern kommt auch eine Treppe hinzu, die nach oben in den ersten Stock führt, meist in einen weiteren Flur, der in die weiteren Zimmer verteilt. Sie ist sozusagen das Rückgrat des Hauses, das alles zusammenhält und an dem entlang die Nervenbahnen des häuslichen Lebens verlaufen.

Die Treppe im Haus der Hesses ist ein wahres Meisterstück. Sie nimmt die gesamte Wandseite gegenüber dem Eingang ein und ist auch in der Breite ihrer soliden Holzstufen großzügig bemessen. Ein Koffer oder ein großer Wäschekorb kann bequem hinauf- oder hinabgetragen werden. Auch die Trittlänge der Stufen ist komfortabel bemessen. In den alten Bauernhäusern ringsum wurden Treppen traditionell deutlich steiler und enger gebaut. In alten Filmen sieht man noch die Wirkung der geschwungenen und von pompösen Geländern gefassten Gala-Treppen, die den strahlenden Gastgeber ins Foyer leiten, wo er die dort wartenden Gäste empfängt. So war es Sitte in den großbürgerlichen Häusern, in denen es Personal gab, welches den Gästen die Haustür öffnete. Auch die Treppe im Hesse-Haus ermöglicht den großen Auftritt. Während aber zum Beispiel das Treppengeländer in Mias Baseler Fotoatelier ein wahres Schmuckstück der handgeschnitzten Handwerkskunst war, ist die Ausführung im Gaienhofener Haus von funktionaler, aber gediegener Einfachheit. Das Geländer ist geradlinig, allein der kantige Treppenpfosten besaß als Schmuck auf allen vier Seitenflächen je ein kleines Elfenbeinrechteck, das die Form der Glaseinlassungen der Haustür wiederaufnahm. Sie sind heute leider verloren.

Kunstvoll windet sich die Treppe in das Obergeschoss. Die zwei untersten Stufen ragen einladend über die Tiefe der Sitzbank hinaus in den Flur hinein. Die dritte Stufe bildet vor einer weiteren Zimmertür – dem damaligen Kinderzimmer – ein Podest, die Treppe führt von diesem aus in einem 90-Grad-Winkel weiter hinauf. Kurz vor Erreichen des Obergeschosses folgt eine weitere Kehrung, dieses Mal um 180 Grad. Hier bietet der vierfenstrige Erker, der auf den Nordplatz hinausgeht, einen Blick auf die blühende Kastanienpracht im Nordgarten, aber auch auf den Bewunderer, der sich auf den Weg vom Dorf herauf gemacht hat.

An der obersten Treppenstufe angekommen, stößt man ziemlich jäh auf eine weitere Tür, die wie die Windfangtür unten gestaltet ist: oben als Sprossenfenster, unten solides Holz. Die Tür gibt es heute noch, und ich habe mich lange gefragt, was ihr Nutzen ist. Bei mir steht sie immer offen, denn mittlerweile sorgt eine Zentralheizung für wohlige Wärme im ganzen Haus. Das war damals anders, man merkte es spätestens im Winter: Die Wärme der Küche im Erdgeschoss und des damals einzigen Ofens im Wohnzimmer unten entwich sehr schnell in den oberen Flur, wo sie sich staute. Im Rest des Hauses war es deswegen ein wenig zugig und unten blieb es kalt, was Mia Hesse mit Bedauern feststellte. Dazu kam wohl auch der Wunsch des empfindsamen Schriftstellers, sich vom Lärm des Tagesgeschehens unten im Haus besser abschotten zu können. Die Kinder, die bei Regenwetter im Haus johlten, das Schlagen der Türen, die Stimmen, das Knarzen der Dielen, ein scheppernder Topf – wie sollte er da einen klaren Gedanken fassen? Die zweite Tür im oberen Flur minderte die Geräuschkulisse

unten Die akkurat gearbeiteten, doch schlicht gehaltenen Glaseinlassungen sorgen für viel Tageslicht und Durchblick.

erheblich. Trotzdem fand Hermann Hesse nach eigenem Bekunden keinen dauerhaften Frieden in seinem Refugium; es waren also doch eher innere Ursachen, die für sein Missbefinden verantwortlich waren.

Hinter der oberen Flurtür erweitert sich der Flur zur Linken zu einem kleinen Bereich, der mit wenigen Schritten zu einer Zimmertür führt, durch deren Verglasung im oberen Drittel ein wenig Tageslicht einfällt. In diesem Flurbereich gibt es eine Besenkammer auf der einen Seite, geschickt unter der Speichertreppe verborgen, sowie einen zweiteiligen Wandschrank auf der anderen Seite für Bett- und Tischwäsche. Zu Hesses Zeiten lag dieser Bereich außerhalb der Abschlusstür und war damit für Mia und die Hausmädchen gut zugänglich. Nun endlich, dem starken Lichteinfall folgend, der durch eine weitere Tür zur Linken kommt, ist das Ziel, das Arbeitszimmer des Meisters, der Kern des Hauses, endlich erreicht.

♦

oben Die Nordfassade des Hauses mit dem prominenten Treppenhauserker, der immer schon als Ausguck diente.

rechts Die sommerliche Abendsonne zeichnet den Schatten des alten Birnbaums auf die türkisfarbene Fassade und bringt Kühle in die Küche.

So wie die Eingangsbereiche werden auch die Flure in Wohnungen und Häusern heute sehr stiefmütterlich behandelt. Der Flur als Willkommens- und Orientierungsort ist längst verloren gegangen. An ihre Stelle sind gesichtslose Schläuche ohne jede Aufenthaltsqualität getreten. Unzählige Ausgaben von Wohnzeitschriften haben sich damit befasst, wie man durch Regale oder Schränke, geschickte Beleuchtung und gewisse Anstrichtechniken Freundlichkeit und vielleicht sogar etwas Persönlichkeit in die schmalen Gänge bekommt. Doch wenn am Flur gespart wird, damit wenigstens die Wohnräume Wohlfühlmaß erreichen, ist jede Mühe nur von mäßigem Erfolg gekrönt. Auch Treppen stören eigentlich nur und sollen als notwendiges technisches Übel möglichst wenig Raum wegnehmen. Solider Treppenbau ist selten geworden, von kleinen Fluren aus führen platzsparende und kostengünstige Stahlstufen nach oben, als Geländer dienen oft Stahlseile, weil sie wenig massiv wirken. Von einem Sich-Emporschwingen der Stufen oder einem Hinabschreiten des Gastgebers auf der Treppen-Bühne kann keine Rede mehr sein. Am liebsten würde man ganz auf Treppenstufen verzichten – Wohnen auf einer Ebene ist das Gebot der Stunde.

Selbst aus dem Kreis meiner Freundinnen bekomme ich immer wieder mit Entschiedenheit zu hören, dass dieses Haus mit seinen Treppen, Podesten und Schwellen kein Haus für das Alter sei und ich mich darauf einstellen müsse, mich noch mal zu verändern. Das macht mich immer ein wenig fassungslos, denn ich bin weder hinfällig noch arbeite ich darauf hin. Wieso sind Häuser mit Treppen für alte Menschen nicht gut? Ganze Generationen sind in Häusern alt geworden, die Treppen hatten.

◆

Das Haus der Familie Hesse zeigt sich Besuchern einladend. An alles ist gedacht, an Witterungsschutz beim Betreten des Hauses, an die Möglichkeit, etwa einen tropfenden Regenschirm abzustellen, an Lichteinfall in den dunklen Flur. Anders als in vielen Häusern neueren Datums darf man hier erst einmal ankommen, sich sammeln; es gibt genug Raum für die Begrüßung und um Mantel und Schal auszuziehen. Auch wenn zu Zeiten der Hesses jemand nur eine Bestellung oder die Post abgeben wollte, fühlte er sich doch durch die Großzügigkeit des Empfangsbereichs geschätzt und gut aufgenommen. Hier gab es kein rigoroses Abschotten, das Wieder-hinaus-Komplimentieren geschah kaum merklich. Dafür sorgte auch die Hausherrin Mia Hesse, etwas anderes als ein zuvorkommender und untadeliger Umgang mit erwünschten und weniger erwünschten Gästen war in dem großbürgerlichen Umfeld, dem sie entstammte, kaum denkbar. Für diejenigen, die Zugang zu den privaten Bereichen bekamen, setzte sich die Willkommenskultur im Inneren des Hauses fort. Die Anordnung der Räume führte ihre weiteren Schritte; je weiter sie vordrangen, umso mehr steigerte sich ihre Erwartungshaltung, den Hausherrn in seinem Arbeitszimmer sehen zu dürfen. Diese allein schon durch die Architektur erzeugte Willkommenskultur funktioniert auch heute noch, ich staune immer wieder darüber, wie meisterlich die Botschaften allein über Offenstehendes und Verschlossenes vermittelt werden.

Das Gesellschaftsparkett mit einer eingespielten Gastgeberkultur ist mittlerweile allerdings stark ausgedünnt, Architektursprache des Hauses und Manieren der Besucher greifen offenbar nicht mehr so recht ineinander. Vor hundert Jahren war es noch jedermann selbstverständlich, nur die Räume zu betreten, die ihm geöffnet wurden, das hatte mit Respekt zu tun, da brauchte es keine zusätzlichen Lehrstunden von Knigge. Ein im Flur stehender Besucher hätte niemals gewagt, auf eigene Faust weiterzugehen, er wartete auf Mias Einladung, sich ins Empfangszimmer zu begeben oder gar die Treppe hinaufzugehen. Heutzutage ist einigen Menschen das Empfinden für die Feinheiten der Beziehung zwischen Gast und Gastgeber abhandengekommen. Die Rolle des Gastgebers wird nicht mehr eingeübt – schon einige Male wurde ich in Räumlichkeiten gebeten, wo die Sicht durch die offen stehende Schlafzimmertür auf das ungemachte Bett und die mitten im Wohnbereich auf dem Wäscheständer hängende Unterwäsche mehr Einblick in das Private aufnötigten, als ich es mir gewünscht hätte. Aber auch den Gästen fehlt es zunehmend an sensibler Wahrnehmung für die Grenzen der Gastlichkeit. Manche fühlen sich durch ihren brennenden Wunsch, Hermann Hesse nahe zu kommen, zu Übergriffigkeiten legitimiert. Bei Gruppenführungen durchs Haus öffnen sie eigenmächtig Zimmer- und Schranktüren, benutzen ungefragt Toiletten, die eigens als privat gekennzeichnet sind, nehmen Dinge des täglichen Gebrauchs in die Hand. Und es betreten Menschen unangekündigt das durch ein Törchen verschlossene Grundstück, wie etwa jene verlegen dreinblickende Frau; sie dringen in das Haus ein – die verschlossene Haustür hält sie nicht davon ab – und stöbern mich beim Marmeladekochen, beim Unkrautjäten oder gar im Bett beim Mittagsschlaf auf. Mir bleibt nur, letzte Bastionen des Privatlebens zu verteidigen und ansonsten das Beste daraus zu machen – so auch an jenem Nachmittag: Die festgewordene Marmeladenmasse gab noch eine prachtvolle Kuchenfüllung ab.

◆

FAUX FILET

Die Küche

♦

»Ich esse morgens stets einen Brei (ungekocht) aus allerlei Obst (getrocknete Äpfel und Pflaumen. Feigen, Nüsse, Mandeln etc.), der mir sehr schmeckt. Dazu ein Stückchen Grahambrod mit Butter. Mittags Suppe ohne Fleisch, Gemüse und etwa ein bischen [sic] leichten Pudding mit Obst oder Fruchtsaft. Zur Abwechslung nehmen wir Kompotte, Rhabarber, Orangen etc., möglichst wenig Mehlspeisen, auch wenig Brot. Ich habe seither weit besseren Appetit, keine Darmstörungen mehr, und bin dabei frischer als früher. Kaffee, Thee und alle Arten Alkohol sind ganz ausgeschieden. Statt Essig nehmen wir Zitronensaft.«

Hermann Hesse, Brief an seine Schwester Marulla, 1907

Mandeln, Grahambrot und Sauerampfer

Seite 38 Die überraschend farbenfrohe Küche von Mia Hesse, Zustand heute.

rechts Feinste Rezepte aus dem Hause Bernoulli in Basel.

Der unangefochtene Herrscher in der Küche der Familie Hesse war zweifellos der Herd, ein gusseisernes Ungetüm, das sich durch die geöffnete Küchentür sogar dem im Flur stehenden Besucher ins Auge drängte. Davon spricht deutlich der alte Grundriss für die Küche, in dem seine Lage schon eingezeichnet ist. Seine weiß emaillierten Türklappen waren mit stabilen Metallgriffen versehen – eine Tür für die Bratröhre, eine weitere für das Ofenloch, in dem das Feuer für die benötigte Hitze sorgte, darunter eine Ziehklappe für die Asche. Weiter unten die Front der Wärmeschublade, in der man im Herbst so vortrefflich Walnüsse, Pilze oder Kräuter für einen Tee trocknen konnte. Oben auf dem Herd ruhte die schwarz-glänzend gewienerte Eisenplatte mit ihren eingelassenen Eisenringen, die man mittels Haken einzeln herausnehmen konnte, um die darunterliegende Feueröffnung der Topfgröße anzupassen. Ein viereckiger Kasten mit Deckel thronte auf der Platte, Wasserschiff genannt. Seine tief in den Herd eingelassene Unterseite speicherte mehrere Liter, die sich nach Anfeuern des Ofens erhitzten und darauf warteten, als warmes Brauchwasser verwendet zu werden. Es konnte bequem mittels eines kleinen Schöpfers aus dem Behälter entnommen werden. Umlaufend an der oberen Kante des gesamten Geräts war in gehöriger Entfernung vom gezähmten Feuer eine glänzende runde Stange montiert, gern genutzt zum Trocknen der Küchentücher und zum Hinhängen des Schürhakens. In Reichweite, vielleicht gleich am Fuß des Herds, standen Holzkorb und Aschegefäß mit Schaufel. Auffällig auch das Metallrohr zur Ableitung des Rauchs seitlich vom Herd, gerade aufsteigend verlaufend und schließlich sich entschlossen im rechten Winkel, der mit Verstärkungsringen ausgestattet war, Richtung Schornstein biegend. Das Ganze war über einen Meter breit, es einfach nur »Herd« zu nennen, wäre zu wenig. »Kochmaschine« hieß dieses Gerät seinerzeit. Um die Jahrhundertwende ersetzte es überall im Land nach und nach die gemauerten Kochstellen, an denen zuvor die Mahlzeiten zubereitet worden waren.

Ich habe diesen Herd nicht nur einige Male bei meinen Besuchen der späteren Besitzerin Lenore Waentig gesehen, eine solche Kochmaschine war auch Teil meiner eigenen Kindheit. Ich hatte einen enormen Respekt vor dem heißen Ungetüm, das in der Küche meiner Gaienhofener Tante Emma stand und auf dem tagsüber neben dem ständig dampfenden Wasserschiff Töpfe und Pfannen mit brodelndem Inhalt warteten, während meine Tante unermüdlich zerkleinerte Holzscheite mit ihren bloßen runzeligen Händen tief in die Flammen des Ofenlochs schob. Wieso erfasste das Feuer sie nicht? Und wie schaffte sie es, die Hitze so zu regulieren, dass es nicht zu schwach, nicht zu stark unter den Töpfen brannte, dass nichts verkohlte und der Kuchen gerade richtig wurde? Dazu gehörte eine Menge Erfahrung. Erst mit den Jahren kannten die Frauen die Mucken und Eigenheiten ihrer Arbeitsgeräte und waren dann wie mit ihnen verwachsen.

h bekomme ich eine Karte von Huck. Du
chen Wetter. Und überhaupt, die Diät ist viel
ei ihm war du sollst viel Butter essen u
ge für Dich. Also komm nur
ja hier auch nicht prima, aber
sucht u. herbeisehnt! Wie ist's

Mia Hesse beherrschte den Umgang mit so einer – in meinen Augen – Höllenmaschine offenbar schon, bevor sie mit ihrem Mann nach Gaienhofen gezogen war. Für eine Frau ihrer Herkunft war das alles andere als selbstverständlich. Mia Hesse entstammte der Familie Bernoulli, die zur führenden Basler Gesellschaft zählte. In diesen Kreisen ließ man Haushaltsarbeiten von Personal erledigen. Mias Mutter legte allerdings großen Wert darauf, dass ihre Töchter Bertha, Emma, Mia und Tuccia alle Hausarbeiten selbst tätigen konnten. Dafür gab es einen einfachen und praktischen Grund: Wie sollten ihre Töchter später ihr Dienstpersonal anleiten, wenn sie keine Vorstellung von den auszuführenden Arbeiten hatten? So mussten Mia und ihre Schwestern nicht nur die Zubereitung von Mahlzeiten und das Konservieren von Obst und Gemüse, sondern auch die Erledigung der großen Wäsche, das Putzen und die Näh- und Stopfarbeiten erlernen.

Derart gerüstet konnte sich Mia 1904 getrost auf das Abenteuer einlassen, in Gaienhofen ganz ohne Personal auszukommen. In den ersten Jahren wohnte die Familie in dem gemieteten alten Bauernhaus sogar ohne Annehmlichkeiten wie fließendes Wasser. Mangels Weißwäscherin und Köchin krempelte Mia entschlossen selbst die Ärmel hoch und bewältigte ihren Haushalt mit Disziplin und Fleiß. Sie tat es den anderen Frauen in Gaienhofen gleich, denn in dem damals ärmlichen südbadischen Landstrich erledigten die Bäuerinnen diese Arbeiten selbst, man hielt das Haus in Schuss, ernährte sich genügsam, schöpfte das Wasser an den öffentlichen Brunnen des Dorfes, stopfte x-mal die handgestrickten Socken, bevor sie später noch zum Polieren der Herdplatten Verwendung fanden, man verschwendete nichts. Mia Hesse teilte diese Fertigkeiten mit den anderen Frauen und glaubte anfangs, nicht aus dem Rahmen zu fallen und Teil der Dorfgemeinschaft werden zu können. Doch irgendwann heuerte Mia ein Mädchen namens Karoline an, die Wäsche waschen, kochen und putzen sollte, damit sie ihren Mann während ihrer Besuche in Basel gut versorgt wusste. Dies wurde im Dorf wohl mit Verwunderung aufgenommen, hat vielleicht sogar Missfallen erregt und wurde als ein weiteres Zeichen dafür genommen, dass in Gaienhofen zwei Welten aufeinandertrafen. Denn Mägde und Knechte – oft als preisgünstige Verdingkinder aufgenommen – standen nur den Bauern zu. Ohne diese Verstärkung war die harte Arbeit in der Landwirtschaft nicht zu schaffen. Mia aber hatte keine Landwirtschaft zu unterhalten. Mit ihrem Baseler Dialekt und als Frau des Sonderlings Hermann Hesse, die zudem mit ihrem Fotoapparat im Dorf herumzog, »Bildle mache tuet«, und nun auch noch Personal einstellte, blieb Mia eine Fremde im Dorf. Auch dass sie regelmäßig verreiste, um in ihrem Baseler Atelier zu arbeiten, kann bei den Gaienhofenern auf kein Verständnis gestoßen sein.

Mia nahm diesen Graben zwischen sich und den anderen Frauen im Dorf zunächst nicht wahr. Für sie gehörte die Hinwendung zur Anspruchslosigkeit des Landlebens zum Ideal, das sie und ihr Mann Hermann verfolgten. Zu Beginn der Gaienhofener Zeit, um 1904, freuten sie sich an ihrem zurückgezogenen Leben im gemieteten Bauernhaus. Nur drei Jahre später, als Mia 1906 die neue Küche im eigenen Haus plante, war die Toleranz für die dort herrschenden, einfachsten Wohnverhältnisse bereits erkennbar aufgeweicht. Die Geburt ihres Sohnes Bruno ein Jahr zuvor wird ihren Teil zu diesem Stimmungswechsel und zum Wunsch, angenehmere Wohnverhältnisse zu genießen, beigetragen haben. Jede Möglichkeit, sich das Leben im Rahmen des von Mias Vater zur Verfügung gestellten Darlehens leichter zu

oben Die geräumige Speisekammer von Mia Hesse, unverändert seit über 100 Jahren, ist ein Zeugnis der Selbstversorger-Kultur.

machen, wurde nun ausgeschöpft. Mithilfe des Architekten Hans Hindermann, der sich mit den neuesten Entwicklungen der Reformzeit auskannte, entstand eine Küche nach den Ansprüchen der damaligen Zeit.

Die um 1900 aufkommende Bewegung der Lebensreform beleuchtete und förderte alles, was der körperlichen und geistigen Gesunderhaltung dienlich war. Die Küche im neuen Haus sollte also hell, licht und modern werden. Dazu gehörte neben der Anschaffung einer neuartigen Kochmaschine auch der Fußboden aus leicht zu reinigendem, unempfindlichem rotem Hartsteinzeug aus Saargemünd, der bis heute erhalten ist. Weil neuerdings auf eine penible Hygiene in Haus und Hof geachtet wurde, musste auch ein Einbauschrank her, in dem die Küchenutensilien und das Geschirr sauber aufbewahrt werden konnten. Das Thema Sauberkeit beschäftigte die Menschen; einige Jahre später, 1912, wurde in Dresden eigens ein Hygiene-Museum gegründet, das die Vorzüge der Reinhaltung auf breiter Ebene vermittelte. Eine der vielen Empfehlungen für die moderne Hausfrau lautete, die üblichen Leinensäcke zur Vorratshaltung durch porenfrei glasierte und verschließbare Gefäße oder Vorratsschubladen zu ersetzen. Diese leicht zu reinigenden und sorgfältig beschrifteten Behälter minimierten den Schädlingsbefall. Noch heute steht in der von Mia entworfenen Küche ein weißes Gefäß aus Steingut aus dieser Zeit, beschriftet mit dem Wort »Kaffee«. Zur hygienischen Lebensweise gehörte auch, dass Holzoberflächen versiegelt wurden, sodass sich in

oben Steingutgefäß aus der Zeit Hesses zum hygienischen Aufbewahren von Kaffeebohnen.

rechts Der alte Handwerkskasten in der Speisekammer erinnert an die fortwährenden Reparaturnotwendigkeiten über all die Jahrzehnte.

Poren und Ritzen kein gesundheitsgefährdender Schmutz ansiedeln konnte. Deshalb waren die Türen des Einbauschranks, die Küchentüren und Fensterrahmen nebst der Fensterbank wasserfest und abwaschbar gestrichen.

Als ich das Haus übernahm, machte sich eine Farbhistorikerin in der Küche daran, mittels eines Skalpells die Farbstellung des Erstanstrichs wiederzufinden, die als unterste Schicht unter dem porös gewordenen braungelben Ölanstrich der neueren Zeit lag. Schrank und Küchentüren innen, die hölzernen Fußleisten, die man in diesem Landstrich Lamperie nennt, sowie die gesamte Speisekammer waren ursprünglich in einem ungewöhnlichen Türkiston gehalten, wie winzigste Reste in Kanten und Fugen verrieten. Ich hätte eher das weitverbreitete Küchen-Blau erwartet. Beide Farben hatten gemein, dass sie von den lästigen Fliegen gemieden wurden. Freilich wusste man damals noch nicht, dass die Ursache ein giftiger Pigmentbestandteil dieser Farben war. Ich sorgte dafür, dass die Küche heute wieder im alten Farbton erstrahlt, er wurde allerdings mittels moderner, ungiftiger Pigmente hergestellt.

Mia verhielt sich bei der Küchenplanung nicht anders als viele andere Häuslebauer auch: Sie kombinierte Neues mit Bewährtem. Für das neue Haus vermählte sie die neuartigen Hygiene-Ideen mit einem Küchengrundriss, wie sie ihn aus ihrem Elternhaus kannte. Dort, im Basler Stadthaus am Schützengraben, wo sie bis zum Wegzug nach Gaienhofen zusammen mit der Schwester Tuccia einen eigenen Haushalt geführt hatte, muss es eine praktische, übersichtliche Küche gegeben haben. In ihr wurde nur gekocht, aufgetragen wurde im Speisezimmer. Neben der Küche gab es eine Speisekammer, auch das war in der Stadt üblich. Diese Aufteilung fand Mia Hesse zweckmäßig, also ließ sie sich auch in Gaienhofen eine eher kleine Küche nebst Speisekammer einbauen. Die Küche sollte kein Ort der Begegnung werden, denn selbst für einen nur mittelgroßen Tisch fehlt hier der Platz. Es ging ihr allein um die Funktion, das Speichern, Kochen und Anrichten. Das eigentliche Mahl nahm man im großzügig bemessenen Speisezimmer ein, das auch reichlich Raum für Gäste bot. Ob sie sich bei dieser Planung selbst in der Küche stehen sah, abgeschieden von den anderen Familienmitgliedern? Die Speisen über den Flur in das Wohnzimmer tragend? Ihr Ehemann schien als Schriftsteller zu reüssieren, eine gewisse finanzielle Sicherheit stand in Aussicht und damit war für Mia ein wieder großzügigerer Lebensstil samt Einstellung von Personal denkbar geworden.

Doch daraus wurde nichts. Auch wenn Mia Hesse schnell klar wurde, dass sie neben der Versorgung der Kinder – 1909 und 1911 wurden zwei weitere Söhne, Heiner und Martin, geboren – und der Verfolgung ihrer eigenen Interessen den Haushalt im neuen, großen Haus nicht allein bewältigen konnte, fehlte für eine bezahlte Hilfe noch immer das Geld. Der größte Teil von Hesses Einnahmen musste darauf verwendet werden, das zinslose Darlehen für den Hausbau an Mias Vater fristgerecht zurückzuzahlen. Verbunden mit der Hoffnung, die notwendige Unterstützung zu erfahren, nahm Mia schließlich Mädchen im Alter zwischen 14 und 16 Jahren bei »freier Kost und Logis« auf. Doch auch dieser Plan ging nicht auf. Die Mädchen – ob es Anna, Guste oder Trine war – brachten wenig Erfahrung mit, sie kamen ja zu ihr, um Haushaltsführung zu lernen. Manchmal fehlte es sogar schon an der Bereitschaft, auch nur das Kochbuch aufzuschlagen, wie Mia schreibt. Nur Christian Wagners Tochter »Luisle« war ihr eine echte Hilfe. Mia griff daher weiterhin selbst zum Kochlöffel, während sie die Kinder der Obhut der Mädchen überließ.

Der Plan der Küche verrät viel über die Art und Weise, wie das Ehepaar Hesse nach den entbehrungsreichen Jahren im gemieteten Bauernhaus leben wollte. Er zeigt auch deutlich den Unterschied zu den Gaienhofener Gepflogenheiten. Zum einen kannte man unten im Dorf keine Speisekammern, und zum anderen spielte sich das Leben, so wie auch anderswo auf dem Land, ganz wesentlich in einer geräumigen Küche ab, die meist der größte Raum des Hauses war. Am ausladenden Küchentisch wurde gemeinsam gegessen und getrunken, wurden Entscheidungen getroffen, das Leben wurde geplant, es fand Austausch statt. Gäste wurden in die Küche geführt, nicht in die »gute Stube«. Mia hat offenbar nie schätzen gelernt, wie Bauer und Gesinde, Kind und Kegel in der Küche sitzen und es dort lebhaft und warm zugeht. Auch hier zeichnet sich die feine Bruchlinie zwischen den Gaienhofener Alteingesessenen und den Neuankömmlingen ab.
Die neue Küche hätte für Mia Hesse alles leichter, schöner machen sollen. Doch mit dem Umzug folgte ein weiterer Umbruch, denn fortan musste sie auf Wunsch ihres Mannes ausschließlich vegetarisch kochen. Weil ihm seine Ruhe so wichtig war, hatte Hermann Hesse sich während der Bauzeit des Hauses zur Kur nach Ascona begeben – Mia hielt derweil in Gaienhofen die Stellung. In der fundamentalistischen Kureinrichtung

links In ihrer Küche kochte Mia auf Hermanns Wunsch streng vegetarisch.

rechts Etliche Gegenstände wie Mias Salatsieb stehen in der Küche noch heute so, als wäre die Hausfrau gerade aus dem Raum gegangen.

auf dem Monte Verità wollte sich Hermann Hesse von Genussmitteln wie Alkohol und Zigarren entwöhnen, denn er hatte eingesehen, dass sein hoher Konsum ihm nicht zuträglich war. Doch hielt dieser Verzicht nur zwei Jahre an. Auf dem Monte Verità stand aber auch die Vermittlung des Vegetarismus, der einzigen tolerablen Ernährungsform der Lebensreformer, auf dem Programm. Geläutert kehrte Hermann Hesse nach Gaienhofen zurück, auch Mia erkannte für sich die Vorteile dieser Ernährungsweise. Doch diese erforderte ein komplettes Umdenken bei der Beschaffung der Lebensmittel und beim Kochen.

Im Nachlass der Bernoullis findet sich ein kleines handgeschriebenes »Kochbüchlein« mit sorgfältig eingetragenen Rezepten. Begonnen wurde es 1874 im Elternhaus Bernoulli, entweder von Mias Mutter oder der damaligen Köchin. Saubere Lettern in verblasster Tinte beschreiben Rezepte wie zum Beispiel für »Englischer Braten«. Schon nach wenigen Seiten wechselt die Schrift. Gegen Ende des Kochbuchs wird dann Mias Schrift erkennbar. Das frühe Rezept »4 Loth Pudding«, gesäumt mit zahlreichen Fettflecken, zeugt von einer gehaltvollen Crème, überreich an Butter und Ei, in der alten Maßeinheit »Loth«. Auch »Esterhazy-Braten für 20 Personen« liest man da, zum Dessert wurde etwa »Orangen-Manger« angerichtet. Und wie wäre es mit feinem »Chocoladekuchen« zum Kaffee?

Mit diesen Genüssen war nach Hesses Rückkehr aus der oberitalienischen Kur Schluss. Kein Fleisch mehr, kaum Butter und kein Schmalz, wenig Brot. Mia, bisher an gehaltvollere Rezepte gewöhnt, musste sich erst in die Welt der vegetarischen Zubereitungen hineinfinden. Es galt fortan mit Obst, Gemüse und Salat die Ernährung der Familie zu bewältigen. Der große Garten rund um das Haus bot im ausgeruhten Boden alles überreichlich: Da gab es Spinat, Blumenkohl und dicke Kürbisse, die bis zur Verarbeitung vor der Haustür gelagert wurden. Dann Salat und Radieschen, gelbe Rüben und Kartoffeln. Und wenn im Frühjahr im Garten noch nichts an frischem Grün zu holen war, sah man Mia über die Wiesen gehen und die ersten Wildkräuter wie etwa Sauerampfer sammeln, aus denen sie Hesses Lieblingsspeise Sauerampferpudding, einen herben Brotauflauf, zuzubereiten pflegte. Sie versuchte sich auch in der Zubereitung eines indischen Currys, so wie es Hermann Hesses Mutter in den indischen Missionen gelernt hatte und gern in Calw nachkochte. Sonderlich erfolgreich war Mia dabei nicht. Zu fremd waren ihr die Gewürze und die Zubereitungsart, wie Hesses Freund Ludwig Finckh zu berichten wusste. Es schmeckte nicht so, wie ihr Mann es gewohnt war.

Neben der täglichen Zubereitung der Mahlzeiten machte sich Mia mit Eifer daran, die zum Teil ungeheuren Erntemengen zu verarbeiten: Überzählige Möhren schlug sie für den Winter im Sandbett im Keller ein. Kürbis wurde in Essig eingelegt, Sirup gekocht, Konfitüren gerührt, Apfelringe und Kräuter getrocknet, Obst entsaftet. In der Speisekammer müssen sich die Bretter unter der Last des Eingeweckten gebogen haben. Obwohl es sicher erfüllend war, den Lohn der vielen Mühe in Form einer Armee gefüllter Gläser und Flaschen zu sehen, ist nicht zu übersehen, dass so ein großer Teil von Mias Zeit für diese Tätigkeiten gebunden wurde. Für ihre eigene Arbeit im eigens eingerichteten Fotoatelier blieb immer weniger Zeit. Im Laufe von fünf Jahren verflog ihre Begeisterung, denn die Versorgung der Familie wurde immer beschwerlicher. Während Hesse immer anspruchsvollere Ernährungsgepflogenheiten von seinen Kuren mit nach Haus brachte, geriet die Besorgung der gewünschten Lebensmittel zu einem aufwendigen Unterfangen.

Im abgelegenen Dorf Gaienhofen gab es keinen einzigen Laden. Mia Hesse bezog zwar für ihre Aufläufe und Kuchen Eier von einem der ortsansässigen Bauern, auch der eine oder andere Liter Milch und auch Mehl konnte so organisiert werden. Von den übervollen Schweineschmalztöpfen der Bauern konnte sie aber nicht profitieren, sie benötigte Kokosfett zum Kochen und Backen. Ihr Organisationstalent half ihr auch hier: Sie bat den Leibarzt Dr. Huck aus dem nahe gelegenen Singen am Hohentwiel, bei seinen regelmäßigen Besuchen je einen 10-Kilo-Block Palmin aus der Stadt mitzubringen, den sie dann – sorgfältig in Pergamin eingeschlagen – mäusesicher im kühlen Keller lagerte und verbrauchte.

Das einfache, halbweiße Brot, welches von meinem Großvater im gewaltigen gemauerten Backhaus hinter seiner Gaststätte »Zum Deutschen Kaiser« für das Dorf gebacken wurde, genügte dem Dichter mit empfindsamem Magen-Darm-Trakt nicht mehr. In Reformkreisen galt solches Bauernbrot als ordinär und wegen der verwendeten Gärmittel als ungesund. Vielmehr musste es ein Grahambrot sein, das neuartige Vollkornbrot des amerikanischen Arztes Sylvester Graham, das ohne Salz und ohne Triebmittel wie Hefe oder Sauerteig gebacken wurde. Damit noch nicht genug: Auch der Essig wanderte auf die Liste der zu vermeidenden Lebensmittel, für den Salat musste Zitronensaft her. Der Gipfel war der Wunsch nach einer frischen Orange zum Dessert: Vielleicht hatte Hesse bei seinen Ausflügen nach Italien dort einmal eine frische Frucht direkt vom Baum genossen und trug dieses Anliegen leichthin an seine Frau heran. In Gaienhofen aber war das exotische Obst praktisch nicht aufzutreiben.

Hesses intestinaler Zustand gab vor, was auf den Tisch zu kommen hatte, weniger die Versorgungsmöglichkeiten vor Ort. Der Familie standen über dreißig Obstbäume zur Verfügung, doch Walnüsse, Mirabellen, Äpfel, Birnen oder gar Reineclauden, die Königin des Fruchtgenusses, konnten die Bedürfnisse des Hausherrn nicht stillen. Allein die ausgefallenen Zutaten wie Mandeln und Feigen für das Bircher-Benner-Gesundheitsmüsli für Hesses Morgenmahlzeit zu bekommen, war für Mia eine Herausforderung.

♦

Zeit seines Lebens war Hermann Hesse ein genügsamer Esser; seine Physiognomie blieb bis ins hohe Alter hager. Die vegetarische Lebensweise diente nicht nur dem gesünderen Leben der Familie. Insbesondere Hermann glaubte, dass das Leben fortan deutlich billiger werden würde, wenn sie alle danach lebten. Doch mit dieser Annahme lag er falsch. Viele seiner Sonderwünsche mussten mühsam herbeigeschafft werden. Also machte sich Mia regelmäßig auf den beschwerlichen Weg nach Konstanz. Am Vortag des Einkaufs lief sie hinunter an den See zum Fährmann Keller und bestellte ihn für den nächsten Morgen am Haus ein. In der Frühe erschien er mit einem Karren, auf den Taschen und Körbe sowie die Kinder geladen wurden. Immer wurde Mia auch vom Hausmädchen begleitet, deren Hände zum Tragen benötigt wurden. Die Gesellschaft ging den Berg hinunter zum See, der Fährmann setzte Karren samt Taschen, Kindern und Frauen über nach Steckborn, einem Schweizer Städtchen, das sich malerisch am Untersee gegenüber von Gaienhofen ausbreitet. Dort lag oberhalb des Ortes eine Bahnstation der Thurgaubahn, welche die Dörfer am See auch heute noch miteinander verbindet. Der Weg über den Schweizer Landstrich war die schnellste Möglichkeit, um in die damalige Hauptstadt des südbadischen Seekreises Konstanz auf deutscher Seite zu gelangen. Die Fahrt mit dem gemächlichen Bähnlein mit schnaufender Lokomotive, welches schier an jedem Misthaufen zu halten schien, dauerte fast bis zur Mittagsstunde. Endlich konnte dann Mia samt Kindern und Mädchen aus der Vorhalle des Konstanzer »Schweizer Bahnhofs« heraustreten, um die Einkaufsliste abzuarbeiten. In Konstanz fand sie alles, was sie brauchte. Im »Colonialwarenladen« besorgte sie Zitronen, Orangen, Mandeln, Feigen und Gewürze wie Safran und Pfeffer. Im neu gegründeten »Reformhaus« erstand sie das Grahambrot, im Haushaltswarenladen Wärmflaschen, Wäsche, Strickwolle, Stopfgarn, anfangs auch noch Entwicklerflüssigkeit, Silbernitrat und schöne Passepartout-Papiere für ihre Fotografien. Wenn der Nachmittag sich gegen Abend zu neigen begann, stieg die kleine Gesellschaft mit gefüllten Taschen wieder in den Zug nach Steckborn. Man konnte nur hoffen, dass der Fährmann zum verabredeten Zeitpunkt mit dem Karren am Perron stand, die Taschen und müden Kinder verlud und nach dem Fußweg hinunter zum See wieder nach Gaienhofen übersetzte.

Nun kam der vorletzte Teil der beschwerlichen Unternehmung: Mia musste dem Zöllner am Ende des Landestegs aufwendig belegen, dass die Einkäufe aus Deutschland stammten, daher kein Zoll zu entrichten sei. Wenn es schlecht lief, musste sie zwecks Sichtprüfung ihre Taschen erst bis zum Grund leeren. Die Zollkontrolle war damals scharf und streng, das Schmuggeln von Schweizer Waren war bei Strafe verboten. Die Zollgebühren für begehrte Genussmittel wie Tabak, Wein und Schokolade waren empfindlich hoch, sodass nicht nur Hesse seine Zigarren per Ruderboot über sein verschwiegenes Seegrundstück am Zoll vorbei nach Hause schmuggelte. Häufig sah man bei den Gaienhofener Bauersfrauen, die mit dem Schiff aus der Schweiz zurückkamen, eine seltsame Tracht mit hohen Hüten, in die sie Steckfächer für Zigarren eingenäht hatten, und geradezu absurd gebauschten Röcken, unter denen sich in allerlei anderes Schmuggelgut verstecken ließ. Die schlauen Frauen konnten sicher sein, dass der Zöllner es nicht wagte, ihnen an die Wäsche zu gehen. Auch Mias Schwestern gelang es, anlässlich ihrer Besuche in Gaienhofen erfolgreich Nougat und Pastete im Koffer versteckt aus Basel zu schmuggeln, um der Schwester eine Freude zu machen.

Am Ende, längst war es Abend geworden, blieb für Mia noch der mühsame Anstieg vom See zum Haus, schwer beladen. Dann mussten noch die Einkäufe versorgt werden, der Gatte auch, die Kinder nach der Abendmahlzeit zu Bett gebracht werden. Ich kann nur ahnen, wie erschöpfend so ein Tag gewesen sein muss. Vor allem, als Mia mit Heiner und Martin schwanger war, müssen diese Touren unglaublich anstrengend gewesen sein, doch Wehleidigkeit war nicht ihre Sache. Das Haushaltsbuch, welches auch die Fährpreise ausweist, verbucht zu Beginn der Zeit im neuen Haus mindestens zwei solcher kraftzehrender Einkaufstouren pro Monat, später werden sie nicht mehr erwähnt.

Ganz anders als für Mia gestaltete sich so ein Einkaufstag für Hermann Hesse: Wenn Frau und Kinder unterwegs waren, durfte der lärmempfindliche Dichter für einen Tag die absolute Ruhe im Haus genießen.

♦

Es ist unwahrscheinlich, dass Hermann Hesse die Bemühungen seiner Frau zu würdigen wusste. Ganz im Gegenteil: Er empfand zunehmend Unzufriedenheit, Rastlosigkeit, gepaart mit dem sich ihm immer häufiger aufdrängenden Wunsch, das Weite zu suchen, um dieser ihn lähmenden Organisiertheit seines Lebens zu entrinnen. Je mehr sich Mia anstrengte, seine Wünsche zu erfüllen, desto mehr stieß ihn das geregelte Leben ab, das sie ihm bereitete. Er entzog sich immer mehr der Familie, tauchte bisweilen nicht zu den Mahlzeiten im Speisezimmer auf, wurde einsilbiger, verkroch sich in seinem Arbeitszimmer oben im Haus. Mia entging seine Veränderung natürlich nicht, ihr blieb nur die Interpretation seiner Launen. Während in der schönen, ungewöhnlichen Küche das große Fenster weiterhin mildes, durch den Birnbaum gefiltertes Licht in den Raum brachte, verdunkelten sich im Haus die Seelen.

Mia war mit festem Blick auf eine sorglose Zukunft und einer Aussicht auf ein erfülltes schönes Leben in dieses einzigartige Haus eingezogen, welches sie, wie Hesse schreibt, so liebevoll »für die Ewigkeit«[10] geplant hatte. Ihre Küche ist gleichsam die Bühne für die Wandlung, die sie in Gaienhofen erfuhr. Von der fröhlichen Aufbruchsstimmung im gemieteten Bauernhaus und dem Wunsch, einfach und ursprünglich wie die Landbevölkerung zu leben, war bald nicht mehr viel zu spüren. Es folgte eine Phase der bürgerlichen Sicherheit mit städtisch modern anmutender Küche im neuen Haus. Dann ein erneutes Aufbrechen zu Neuem, dem Vegetarismus, der sich allerdings im Dorf nur unter ungeheuren Mühsalen ausleben ließ. Am Ende wartete die tiefe Ratlosigkeit darüber, was sie noch alles

links Ein Beispiel für die schönen »Augen« des Hauses: Fenster, noch aus der Bauzeit, gerahmt von einer Molasse-Sandsteinlaibung und flankiert von hübschen Holzläden.

unternehmen sollte, um ihren Mann glücklich zu stimmen, und die lähmende Erkenntnis, dass es nicht so weitergehen konnte. Aus dem »Wir« waren zwei nebeneinanderher lebende Persönlichkeiten geworden, Hermann und Mia, beide verwirrt und ohne Lösung, wie sie dieser Entwicklung entrinnen könnten. Das Gaienhofener Abenteuer endete mit der gemeinsam beschlossenen Aufgabe des Hauses.

In den folgenden Jahrzehnten wurde das Haus von mehreren Besitzern bewohnt. Das Herausreißen oder Überkleistern der alten Substanz veränderte allmählich den Charakter des Ursprünglichen. Am längsten hielt sich die Speisekammer im unveränderten Zustand, alle Regalbretter sind bis heute erhalten. Ununterbrochen diente sie dem kühlen Lagern von Speisen und Vorräten, erst in den Fünfzigerjahren ließ Lenore Waentig einen Kühlschrank einstellen. Unzählige bräunliche Ringe auf den Böden sprechen heute noch von gärenden, übergelaufenen Behältern und von zu heißen Töpfen, die zu eilig abgestellt wurden. Ein mostiger Geruch von altem Obst hat sich zusammen mit dem Muff alten Mehls in den Wänden festgesetzt. Eine bräunlich gewordene, freudlose Ölfarbe überkleisterte die ursprüngliche Farbstellung. Doch heute erstrahlt die Kammer wieder in alter Schönheit. Mias mittlerweile in die Jahre gekommenes zerbeultes Salatsieb von der namhaften Schweizer Traditionsfirma Sigg wurde mir vor einigen Jahren von der Familie übergeben und steht dort neben anderen Haushaltsgegenständen der damaligen Zeit.

Das feuerspeiende Herdungetüm, welches vom Vorbesitzer als letztes Inventar für wenig Geld und unter der Bedingung der Selbstabholung an einen Flohmarkthändler abgegeben wurde, diente zum Schluss wohl nur noch als Ablagefläche, denn seit den Fünfzigerjahren stand in der Küche ein Gasherd. Dort wurden von den kundigen Händen der Frau Waentig die guten heimischen Gerichte gekocht, welche die Gäste der Pension »Haus am Erlenloh« verwöhnen sollten. Noch heute steht der mittlerweile verwaiste Metallschrank für die Gasflaschen an der Küchenwand außen am Haus, mittels dünner Metallleitungen wurde damals das Gas zum Ort des Geschehens nach innen geleitet.

links Mia Hesses Wasserstein aus ihrer Küche, heute an der Nordfassade angebracht, dient noch immer zum Waschen von Gemüse.

rechts Betagte Gerätschaften zum Zerkleinern des Gemüses aus dem Garten.

Vor einigen Jahren kam ich endlich auch der Geschichte des Spülsteins der Hesses auf die Spur. Ein Spülstein heißt so, weil er früher tatsächlich aus einem einzigen Stein gehauen wurde. Nur so konnten Nähte und damit Undichtigkeit vermieden werden. Spülsteine waren handwerkliche Meisterstücke, immer gefertigt aus einer regional vorkommenden Steinsorte, doch hoch empfindlich: Brachen Stücke heraus, war das Becken irreparabel ruiniert. In den Fünfzigerjahren fertigte man schließlich haltbarere Kunststeinbecken aus Terrazzo, bevor die glasierte Keramikspüle aufkam, der dann die blanke, unkaputtbare Edelstahlversion folgte. Nur eines eint diese verschiedenen Versionen von Küchenspülen: Unter sie ließ man sich eine Art Schiebetürschrank einbauen für Scheuerpulver, Waschpaste, Lappen mit Eimer sowie Kehrschaufel.

Bei der Sanierung der Küche musste der Sockelbereich an der nicht mehr vorhandenen Spüle geöffnet werden. Da sah ich eine alte, tönerne Abflussröhre, die früher das Brauchwasser vom Spülstein nach außen befördert hatte. Sie war noch mit allerlei organischen Resten verstopft, man ließ es einfach so, als die neue Ableitung verlegt wurde. Dieser alte Ablauf verlief auffallend flach, und ich musste an Hesses Ausführungen denken, dass er immer wieder mittels Drähten den ewig an Verstopfung leidenden Küchenabfluss frei bekommen musste. Kein Wunder, denn der Röhre fehlte das notwendige Gefälle, wie ich jetzt sehen konnte.

Ich hoffte, Mias Spülstein irgendwo zu finden, es war unwahrscheinlich, dass so ein schweres Ding abtransportiert worden war. Ich suchte Haus, Keller und Boden ab, konnte aber nichts finden. Erst Jahre später, eines Abends beim Wein auf dem Kiesplatz vor dem Haus, fiel mein Blick auf die von der letzten Abendsonne beleuchteten Farbreste am viereckigen Wasserbecken, welches an der Nordseite des Hauses unter dem Erker angebracht ist. Ich trat näher, denn die Farbe kam mir plötzlich bekannt vor. Ich wusste von der Farbspezialistin, dass etwa in den Vierzigerjahren die gesamte Küche mit dieser hässlichen, braungelben Ölfarbe überstrichen worden war. Genau diesen Farbton hatte auch die durch die Witterung abblätternde Farbschicht des Wasserbeckens und, ja: Das war eindeutig Mias Spülstein, aus einem einzigen, gewaltigen grauen Molasse-Sandstein gehauen. Seine Maße stimmten exakt mit dem dafür vorgesehenen Platz in der Küche überein.

Irgendwann ist das unmodern gewordene Steinbecken, in welchem bei unvorsichtigem Hantieren schnell Geschirr zu Bruch geht, aus der Küche ausgebaut worden. Immerhin fand man es zu schade zum Entsorgen, so landete es schließlich als Wasserstelle außen am Haus. Dort setze ich heute meine Wasserkanne hinein, um sie am Hahn zu füllen. Während das Wasser in die Kanne läuft, fahren meine Hände über den durch ständigen Gebrauch rund gewordenen Beckenrand. Ich fühle die tiefen Kerben an der abgenutzten Kante, wo regelmäßig das Küchenmesser geschärft wurde. Dieser Stein hat das Leben von vier Familien gespeichert, die über mehr als 110 Jahre unter dem Dach dieses Hauses gelebt haben. Die Spuren der arbeitenden Hände aller Frauen dieses Hauses, glückliche und unglückliche, haben sich unauslöschlich erhalten. Ich gebe beim Berühren des Steins meinen Vorgängerinnen die Hand. Sie sind nicht vergessen.

♦

DIE UNSICHTBAREN BEREICHE DES HAUSES

Keller und Speicher

♦

»Das Haus war bequemer und größer als das verlassene (...) und unterm Boden einen Wein- und Obstkeller und eine Dunkelkammer für die Photographien meiner Frau, und noch dies und jenes Hübsche und Angenehme.«

Hermann Hesse, Beim Einzug in ein neues Haus, 1931

Kröten in der Sandmiete

Seite 52 Der Keller mit Luken knapp über Erdniveau ist ein Zugeständnis an das damals hoch stehende Grundwasser unter der Kellersohle.

rechts Die formschöne, ungewöhnliche Tür, die geschickt in der Treppenwange verborgen ist, führt in den geräumigen Keller.

Wenn ich in meinem Haus in den Keller gehe, freue ich mich immer über den besonderen Weg, den ich dank der Kunstfertigkeit und des Geschicks des Architekten nehmen darf. Vom Flur aus geht es unter einer Art Baldachin, der von dem darüberliegenden Treppenpodest gebildet wird, drei Stufen hinunter zum Niveau der auf den ersten Blick gänzlich unauffälligen Kellertür. Ihre Diskretion verdankt sie einigem Aufwand. Sie wurde so sorgfältig in Farbe und Machart in die Treppenwange eingepasst, die vom Flur zum Obergeschoss führt, dass sie fast schon wie eine Geheimtür wirkt. Die Aussage ist klar: Was dahinter kommt, soll dem Auge des Besuchers verborgen bleiben. Er wird im Flur willkommen geheißen und in einen der Räume im Erd- oder Obergeschoss geleitet. Doch das, was sich hinter der Kellertür befindet, ist so profan und gleichzeitig so privat und überlebenswichtig, dass es allein den Hausbewohnern zugänglich sein soll.

Der Keller war seit jeher der Ort, in dessen feuchter Kühle Gesammeltes und Aufgespartes aufbewahrt wurde. Er barg den Schatz, der die Familie über den Winter brachte. Ich kenne einige Gaienhofener Keller, deren Türen sehr viel schlichter gebaut waren und eher an Stalltüren erinnerten. So sah auch der Zugang zum Keller meiner Gaienhofener Tante Emma aus. Hinter ihm eröffnete sich eine Welt, die mir als Kind den größten Eindruck hinterließ. Die Treppe aus rohem Holz, die in meiner Fantasie hinunter in den Hades zu führen schien, war ungewöhnlich steil, der Duft nach Moder, gärenden Flüssigkeiten und scharfer Kernseife begleitete mich stets den Gang hinunter. Vor dem trüben Fenster, welches die Treppe flankierte und leidlich Tageslicht spendete, standen auf dem abgenutzten Sims in idyllischer Eintracht blinde Flaschen mit gelblichen Schmierölen, Pflanzengifte in mit Totenkopf gekennzeichneten Blechbüchsen und Möbelpolituren mit alten, sich kräuselnden Lappen, die im Laufe der Zeit die indifferente Erdfarbe der Wand angenommen hatten und wie aufgesetzte Lehmhäufchen aussahen. Unten angekommen empfing mich eine feuchte Kühle. Als Kind fiel es mir wohl nicht auf, dass die Räume hier unten so niedrig waren, dass große Menschen kaum noch eine Handbreit zwischen sich und der Decke hatten, denn tiefer hinein in den Erdboden hatte man nicht graben können, dicht unter dem gestampften Lehmboden stand schon das Grundwasser. Daher hatte man, so wie andere Gaienhofener auch, einen Hochkeller bauen müssen, bei dem ein Drittel der Raumhöhe oberhalb des Erdniveaus lag und der den Vorzug hatte, durch kleine Fensterchen Tageslicht zu erhalten.

Im Hauptkeller meiner Tante hing an der Wand ein kleines Holzregal mit einem luftigen Türchen, in das täglich in einer bestimmten Reihenfolge die Eier der Hühner in ein Lochbrett eingestellt wurden. Daneben öffnete sich im gelblichen Licht einer Funzel eine aufkreischende, verwitterte Holztür zum Fasskeller. Das war eine geheimnisvolle kühle Welt, in der auf Holzgestellen ein bauchiges Fass neben dem nächsten lag und aus deren oben aufgesetzten Gärröhrchen ein

links Gartenzugang von der Waschküche im Keller – von hier aus brachte Mia die Wäsche zum Trocknen an die frische Luft.

rechts Auf dem Fenstersims im Keller der Tante in Gaienhofen: Tinkturen, Öle und anderes warten auf ihren Einsatz.

sanftes Gluckern zu hören war. Andere Fässer schienen still zu sein, da war der Most schon fertig vergoren. Die niedrige Kellerdecke war bedeckt mit Spinnweben, die bisweilen wie dunkelgraue Schleierfetzen herunterhingen und die Fässer zu umgarnen schienen. Der gärige, alkoholgeschwängerte Geruch war mir als Kind zuwider, allerdings liebte ich den Krug, der da stand und außen wie innen aussah wie ein krakeliertes Gemälde eines Alten Meisters. In diesen Krug pflegte mein Onkel den süßen, schäumenden jungen Süßmost für mich zu zapfen. Er schmeckte mir viel zu gut, doch ich musste lernen, Maß zu halten: Zu viel davon machte Bauchweh.

Ein solches Getränk kannte ich aus meiner Heimat, dem Rheinland, nicht. Doch hier am See war der Most seit jeher das überall verfügbare Volksgetränk. Die Bauern tranken ihn wie Wasser gegen den Durst, von früh an mit dem Beginn der Feld- und Stallarbeit bis spät abends, es muss ihnen wegen des dauernden Alkoholgenusses immer ein wenig leicht im Kopf gewesen sein. Den Knechten standen bei der Ernte schriftlich zugesichert einige Liter Most pro Tag zu. Deshalb hatte jeder Bauer ein Stück Land mit Mostobstbäumen, die als Grundlage für das Hausgetränk den gerbstoffreichen Saft bestimmter Birnen- und Apfelsorten lieferten. Bisweilen war auch der Speierling dabei, der seinen Namen wegen seines hohen Tanningehalts nicht zu Unrecht trägt und den Most etwas haltbarer machte. Im Herbst karrte man die Ernte zur öffentlichen Mostpresse, füllte den Saft in die Fässer und überließ es den wilden Hefen auf dem Obst, den Zucker zu vergären. Nur wenige Tage blieb der Most ein süßer und süffiger Obstsaft, dann wurde er im Laufe der Zeit immer saurer und herber: »Räs« war er geworden. Man musste zusehen, dass die Fässer zum Herbst hin wieder leer waren für den neuen Most, sonst hatte man Essig.

In einem weiteren Kellerraum pflegte mein Onkel die Kartoffeln für die beiden Schweine im Stall auf einem von unten befeuerten Kocher, groß wie ein Waschkessel, zu garen. Ich war mir nicht sicher, ob es vielleicht schlechte Kartoffeln für die Schweine waren, obwohl es genauso appetitlich wie aus dem Pellkartoffeltopf meiner Mutter roch. Ich traute mich nie, von den dampfenden Kartoffelstücken zu kosten, so, wie es mein Onkel immer machte, bevor er sie zerquetschte und für besseren Fettansatz für die Tiere mit Buttermilch mengte. In einem vierten, schmalen Keller bogen sich schließlich die Bretter unter Gläsern mit eingeweckten Kirschen, Saftflaschen und Marmeladen, sorgfältig mit Gummikappen oder Cellophan verschlossen. Dort sah ich auch zum ersten Mal in meinem Leben in der Ecke zwischen Wand und Lehmboden einen Sandhaufen aufgeschüttet. Dorthinein bettete man im Herbst nach der Ernte die Möhren oder gelbe Rüben, wie sie hier genannt werden, so blieben sie bis weit in den Frühling hinein knackig frisch. Bisweilen regte sich im feuchten Sand warziges Leben. Die Kröten, die in den Kellerschacht gefallen waren und nicht mehr hinauskamen, fanden hier ein kühles Zuhause und jede Menge Insekten, von denen sie sich vorzüglich nähren konnten. Wenn der Sandmiete Wurzelgemüse für den Kochtopf entnommen wurde, kündete ein Kreischen aus dem Keller von einem solchen Fund.

♦

Hesses Keller ist im Vergleich zu seinen bäuerlichen Pendants geradezu luxuriös gestaltet, denn er hat eine komfortable Kopfhöhe und statt auf gestampftem Lehmboden geht man auf sauber verlegten Ziegelreihen, die mit einer wasserabweisenden Teerfarbe gestrichen waren. Es gibt sogar über dem Erdniveau liegende, durch eigene Schlagläden beschattete, zweiflügelige Fenster statt der üblichen schlitzförmigen und unverglasten Kellerluken, die mit Holzläden geschlossen wurden.

Der Keller wartet noch mit einer weiteren Überraschung auf: Hinter den gekälkten Kellerwänden ist weder Lehm noch Feldsteinmauerwerk zu finden, sondern Stampfbeton! Hinter dieser für die damalige Zeit und für diese Region sehr ungewöhnlichen Materialwahl steckte eine bewusste Entscheidung. Wenn ich mich in den Kellern Gaienhofens und auch anderer Dörfer am Bodensee umsehe, stoße ich immer wieder auf Häuser, deren vermörtelte Steinfundamente im Laufe der Jahrzehnte durch das früher noch höher stehende und in die Keller drückende Grundwasser ausgewaschen worden wurden. Die Fachwerkhäuser begannen sich zu neigen und standen schließlich krumm und schief da. Feuchte Ausblühungen an den Kellerwänden ließen das Lagergut schnell verderben. Wenn es schlecht lief, fing auch das auf dem Fundament aufsitzende Holz an, Wasser zu ziehen und zu faulen. In ihrer Not verzichteten daher manche Bauern der Gegend auf eine Unterkellerung ihrer Häuser und trieben Ersatzkeller in den weichen Molasse-Sandstein seitlich der Hohlwege, die die Höri kreuz und quer überziehen. Auch Ludwig Finckh kratzte mithilfe seines Freundes Hermann Hesse einen solchen Keller aus dem Sandstein seines Gaienhofener Grundstücks heraus. Noch heute sind diese Behelfskeller zu sehen, in denen das Gelagerte kühl und frisch blieb, teils sorgsam wie früher mit einer Tür verschlossen, teils aufgegeben und verfallen.

Sogar auf dem Hügel, den sich Hesse als Bauplatz auserkoren hatte, sorgte eine wasserführende Schicht für aufsteigendes Grundwasser. Gleich drei Quellen sickerten hier aus dem Erdreich, zwei von ihnen wurden in Brunnen gefasst und sicherten so die Wasserversorgung im Garten, das Wasser der dritten wurde durch Röhren zum Wasserhahn in der Küche und in die Waschküche geleitet. In den Wänden des Hauskellers aber hatte Wasser nichts zu suchen, daher wählte der Architekt umsichtig als Werkstoff

Beton. Schon die Römer kannten diese absolut wasserunlösliche Mischung aus Kalkzement und grobem Kies, doch dürften die Dörfler gestaunt haben, als das Fundament gegossen wurde.

♦

In Hesses erster Behausung unten im Dorf ist seit ein paar Jahren die Kellertreppe offengelegt. Merkwürdig, wie steil sie – so wie die meisten Kellertreppen jener Zeit – in die Tiefe führt! Raum ist doch genug da! Warum baute man nur so unfallträchtige Stiegen, man hatte doch fast immer beidhändig etwas zu tragen, entweder um es im Keller zu lagern oder um es aus ihm heraus wieder nach oben zu holen. Ich sah meinen Onkel einmal rückwärts, sich auf den oberen Stufen abstützend mit einem schweren Sack auf dem Rücken, in den Keller steigen, das kam schon mir als Kind gefährlich vor. Manch einer hat sich schon beim Ausgleiten auf schmalen Kellerstufen die Knochen oder gar den Hals gebrochen. Dabei stand im Haus meiner Tante unterirdisch eine Fläche zur Verfügung, auf der heute eine vierköpfige Familie bequem leben würde. Und trotzdem war die Treppe auch bei ihr besonders steil, eher eine Hühnerleiter als eine funktionale Möglichkeit, Höhenunterschiede zu überwinden.

Auch die Treppe, die in Hesses neu gebautem Haus in den Keller hinabführt, war alles andere als großzügig ausgeführt. In fast allem hebt sich das Haus in seiner lichten Modernität von den damaligen Häusern Gaienhofens ab. Nur bei der Kellertreppe scheint es noch eine Verbindung, eine geheime Nabelschnur, zur tradierten Bauweise zu geben. Ob es einfach nur reine Gewohnheit war, den Gang in die Tiefe beschwerlich zu gestalten?

In einem allerdings unterschied sich der Abstieg in Hesses Keller von dem in andere der Umgebung: Kein gäriger Mostgeruch schlug einem entgegen, denn Hesse trank Wein. Für den Hausherrn gab es eine sinnreiche, damals weit verbreitete Einrichtung, die er gern und oft frequentierte: Gleich unterhalb der Kellertreppe, im offenen Bereich unterhalb der Stufen, stand das kleine »Schtägefässle«, das Stiegenfass, in der Größe genau dem Treppenwinkel angepasst. Das war sehr praktisch, denn ohne elektrisches Licht musste man – in der einen Hand den leeren Krug, in der anderen Hand vielleicht die Kerze – sich nicht allzu weit in den dusteren Keller vorwagen, um den Krug mit Wein zu füllen. Es war eine geniale Idee der Winzer, ein Weinfass zu entwickeln, das gleich am Treppenfuß untergebracht werden konnte. Hesse bezog seinen Wein in solchen Fässchen von der Winzergenossenschaft Hagnau, wobei er einem Gerücht zufolge das leere Fass immer dann wechseln ließ, wenn Frau Mia nicht im Hause war.

Was war nun im Keller der Familie Hesse? Mia hatte sich eine große Waschküche anlegen lassen, damit die wöchentliche große Wäsche, die einige Jahre lang im gemieteten Bauernhaus unten im Dorf mittels Auskochen in großen, auf dem Küchenherd stehenden Töpfen hatte statt-

unten Der ursprüngliche Tonziegelboden des Kellers mit Resten von Teerfarbe zur Isolierung gegen aufsteigende Feuchtigkeit.

finden müssen, endlich ein Ende hatte. Dieser Kellerbereich hat bis heute einen Ausgang in den Garten, so konnte die Wäsche schnell nach draußen getragen werden, um sie dort trocknen zu lassen. Die Wäscheleinen im Keller, an in die Wand eingelassenen stabilen Eisenhaken befestigt, sind so hoch angelegt, dass Mia auf einem Fußbänkchen gestanden haben muss, um die damals großformatigen Betttücher über die Leine werfen zu können. Die spätere Besitzerin des Hauses, Lenore Waentig, wusste von mehreren erhaltenen Bottichen mit Ablaufhahn und einem Ofen zur Erhitzung des Waschwassers zu berichten. Sie hatte dies alles noch selbst benutzt, bevor eine Waschmaschine Einzug hielt.

Während hier unten im Keller das Feuer unter dem Waschwasser mit Holz unterhalten wurde, wurden die beiden Öfen des Hauses bevorzugt mit der energiereicheren Kohle gespeist, dann musste man nicht so oft nachlegen. Daher gab es einen eigenen Kohlenkeller, zum Weg hin gelegen, damit der Kohlenmann die schweren Säcke nicht allzu weit auf seinem Rücken vom Pferdewagen zur Schüttrutsche tragen musste, auf der er seine Ware in den Keller schlittern ließ.

Weil in der Zeit vor Kühlschränken und Gefriertruhen der Hauptzweck eines Kellers das kühle Lagern von Lebensmitteln war, durfte natürlich ein ausreichend großer Vorratskeller nicht fehlen. Tatsächlich hat Mia genauso wie die Bäuerinnen unten im Dorf Marmelade gekocht, Quitten eingemacht, Saft und Sirup bereitet. Ob ihr Vorratskeller so wie der meiner Tante schier nicht enden wollende Reihen an Gläsern der Firma Weck bereithielt? Oder bevorzugte sie die Schweizer Bülacher-Gläser zum Einkochen, die so schön dunkelgrün sind? Sie wird sicher auch eine Sandmiete angelegt und irgendwo auch Kartoffeln eingekellert haben. Hier unten hatte Mia auch den mehrere Kilogramm schweren Batzen Palmin vorrätig, um für die vegetarische Lebensweise gerüstet zu sein.

oben Tageslichtfenster am Treppenabgang in den Keller: pure Notwendigkeit zu Hesses Zeiten, als das Haus noch nicht mit Strom versorgt war.

Noch einen weiteren Raum gab es hier unten: Vom Hauptkeller wurde ein kleiner, fensterloser Raum abgemauert; der alte Hausplan lässt erkennen, dass er nachträglich eingefügt wurde. Vermutlich wurde das Kellerabteil sogar erst nach Beginn des Hausbaus vom Hauptraum abgetrennt. Auf dem Plan ist er als Dunkelkammer ausgewiesen. Wie kam es dazu, dass bei aller sorgfältigen Planung des Hauses für die Fotografin Mia erst nachträglich diese Grundlage ihrer Tätigkeit in Betracht gezogen wurde?

Nach dem Wegzug des Ehepaars Hesse nach Gaienhofen hatte Mias Schwester Tuccia das Basler Fotoatelier alleine weitergeführt. Dort hatte Mia ihre Aufnahmen entwickelt, wenn sie ihrer Heimatstadt einen ihrer regelmäßigen Besuche abstattete. Doch just in dem Jahr des Hausbaus

links Sorgfältig gezimmerte Fensterflügel sorgen auch im Keller für Frischluft und gute Sichtverhältnisse.

rechts Die Kelleraußentür, aufwendig und kunstvoll mit zwei Klappfenstern gearbeitet.

in Gaienhofen beschloss Tuccia, zu heiraten und ihrem Mann nach Amerika zu folgen, wo auf ihn ein lukratives Stellenangebot wartete. Für Mia muss diese Entwicklung ein Schock gewesen sein. Das Atelier in der Basler Bäumleingasse stand in Gefahr, geschlossen zu werden, ein Nachfolger war nicht greifbar. Würde sie nun ihren Zugang zur Fotografie verlieren? Doch Mia war eine praktisch veranlagte Frau, die lösungsorientiert dachte. Warum nicht das Atelier nach Gaienhofen verlegen? So kam es, dass in Windeseile noch eine Dunkelkammer im Keller eingerichtet wurde.

Die ehemalige Dunkelkammer ist klein und eng und fensterlos, nichts erinnert mehr an ihre ursprüngliche Funktion, die Tür ist verloren gegangen. Sie hat eine unerfreuliche spätere Geschichte: Die alte Nachbarin berichtete mir, dass Lenore Waentig die Tochter aus der ersten Ehe ihres Mannes dort einzusperren pflegte, wenn diese widerspenstig war. Zu jenen Zeiten war das ein gängiges Mittel der Erwachsenen, um Kinder zu »bändigen«, man kannte es kaum anders. Allein schon im Keller etwas holen zu müssen ist für Kinder aller Zeiten angsteinflößend gewesen – auch für mich. Denn an diesem abgeschiedenen Ort unter der Erdsohle ist es duster, niemand hört einen, man fühlt sich dort allein gelassen. Ein Keller ist Unterwelt. Es ist sicher kein Zufall, dass man sich die Hölle als einen Ort tief unten vorstellt.

♦

Es gab Zeiten, da sollten Keller aus ihrer Abseitsposition erlöst und in das Leben im Haus mit einbezogen werden. Als das Wirtschaftswunder der Nachkriegszeit das Anlegen von Vorräten überflüssig zu machen schien und Eisschränke in die Küchen Einzug hielten, wurde der Partykeller geboren. Es wurde eine Theke eingebaut, Urlaubsbilder aus Capri, Jugoslawien und anderswo her verzierten die Wände, Vinylplatten lieferten die Geräuschuntermalung für ausgedehnte Gelage, Bowle wie etwa »Kalte Ente« avancierten zu Modegetränken. Doch irgendwann kam all das auch wieder aus der Mode, man vergnügte sich lieber auswärts in Discotheken. Auch die Nutzung als Hobbykeller, mit aufgebauter Modelleisenbahn und Ähnlichem, hielt sich nicht lange. Die Anlagen verstaubten und der Keller wurde Abstellfläche für Ungeliebtes und selten Benutztes.

Auch die Souterrainwohnung, die einen Keller zu veritablem Wohnraum adeln sollte, stieß auf keine Gegenliebe – immer zu kalt, immer zu dunkel. So wundert es nicht, dass der Kellerbau irgendwann wegoptimiert wurde: viel zu teuer – und wozu auch? Weiträumige Kellerlandschaften drohen daher auszusterben, wer als Mieter noch einen kleinen Verschlag sein Eigen nennen darf, kann sich glücklich schätzen. Viele Neubauten werden nur noch auf eine Bodenplatte gesetzt, damit verliert das Haus jegliche Lagermöglichkeit und handelt sich die in der Küche oder im Bad vor sich hinschleudernde Waschmaschine ein.

Heute hat sich einiges im Keller der Hesses verändert. Die steile Holztreppe ist schon vor meiner Zeit in eine stabile Betontreppe mit bequemer Trittbreite gewandelt worden, es gibt kein Fass mehr unter der Stiege, sondern dort überwintern meine Fuchsien und die Zitronenverbene. Hinter der Tür an der ersten Stufe der Kellertreppe wurde ein einfaches, aber stabiles Schuhregal aus Holz angebracht, auch schon weit vor meiner Zeit und sehr praktisch. Unter der Kellerdecke laufen die neuzeitlichen Versorgungsleitungen für Wasser und Strom entlang und im Hauptkeller lagert das Brennholz, das heutzutage die Nahrung für die beiden Öfen im Haus abgibt. Der Kohlenkeller ist als solcher nicht mehr vorhanden, die Schüttrutsche nur noch in Ansätzen erkennbar. Die ehemalige Dunkelkammer birgt die Haustechnik und im Winter in luftigen Regalen die ausgegrabenen Dahlienknollen und Gladiolenzwiebeln. An die hundertfünfzig Exemplare gilt es jedes Jahr für den Winter frostfrei umzubetten, sorgfältig gekennzeichnet und in Zeitung gewickelt harren sie in Obstkisten auf das Frühjahr. Die Waschküche ist weiterhin geräumig und luftig, sodass die Wäsche dort auf Schnüren, die zwischen den alten Haken gezogen sind, noch immer perfekt trocknet, doch gewaschen wird sie in einer modernen Waschmaschine. Wie schön, dass die beiden Fensterchen in der erhaltenen Außentür des Kellers immer für eine leichte Brise im Waschkeller sorgen! Es gibt auch einen Handwerkskeller mit allerlei Geräten und einem soliden Sortiment an Schrauben, Nägeln und nützlichen Gerätschaften. Im Vorratskeller um die Ecke lagern heute in alten Holzregalen leere schöne Gläser und Flaschen, die auf das Befüllen warten, sowie Flaschen mit Wein, Sekt und dem Saft von Streuobstäpfeln oder der Americano-Trauben aus dem Garten. Daneben Marmeladen, eingekochte Wildbrühen und Tomatensaucen.

Mich erfüllt jedes Mal aufs Neue ein Gefühl von Zufriedenheit, wenn ich in den Keller gehen und etwas Gutes für die nächste Mahlzeit auswählen kann. Die Vorratshaltung ist mir von meinen Tanten in Fleisch und Blut übergegangen. Doch wie das geht, musste ich wieder ganz neu lernen. Auch ich habe anfangs Obst zusammen mit Kartoffeln und Gemüse gelagert. Dass das Ethylen, das Reifegas des Obstes, das Keimen der Kartoffeln und das frühzeitige Welken des Gemüses fördert, hatte ich nicht gewusst. Das sinnreiche Nebeneinanderreihen der eingekochten Marmeladen statt ungeordnetem Einstellen der Gläser sorgt für ein »First-in-first-out«-Prinzip: Links stehen die Marmeladen, die zuerst gekocht wurden, von rechts rücken die frischen nach. Das ist der Hühnerei-Trick meiner Tante, bestens bewährt auch bei allen anderen Lagergütern, die in diversen alten Küchenbuffets auf Verwendung warten.

Ich bin so dankbar für den guten Keller der Familie Hesse! Er macht mich reich an Möglichkeiten und durch ihn bin ich allen Notzeiten gewachsen. Doch trotz all seiner Vorzüge ist und bleibt er in seiner Funktion eben ein Keller und

rechts Gäste vermuten hier einen Backofen. Es ist jedoch das Tageslichtfenster für die Kellertreppe innen.

spielt für das Leben da oben eine untergeordnete, dienende Rolle. Keller sind bisweilen Orte des Gruselns, vielleicht sogar des Schreckens, und waren doch immer wieder auch Schutzräume, in die man sich in Zeiten höchster Not zurückziehen konnte. Der kühlste, feuchteste und am tiefsten gelegene Raum des Hauses ist auch Teil eines weiteren Gegensatzes: Sein Gegenpart befindet sich in luftiger Höhe, es ist der Speicher oben unter dem Dach.

Den Speicher im Hesse-Haus erreicht man über eine schmale Holztreppe, die sich hinter einer Tür im ersten Stock verbirgt. Zu Hesses Zeiten gab es dort oben gleich neben der Treppe eine Magdkammer. Deren Fenster geht nicht auf den See hinaus, sondern öffnet sich schnöde abgewandt in Richtung Schiener Berg und Wäldchen. Es war ein einfaches Zimmerchen mit Dielenboden und zwei Fenstern unter der Schräge. Hier gab es eine Bettstatt, vielleicht einen Kasten, wie man hier einen einfachen Schrank zu nennen pflegte, vielleicht eine Waschschüssel mit Krug, einen Stuhl, das war es auch schon. Heute ist die Kammer ein kleines Büro, in dem alle Aktivitäten des Fördervereins des Mia- und Hermann-Hesse-Hauses ihren Ursprung haben. Der übrige Teil des Speichers war eine Freifläche, den Boden bildeten einfache Holzbretter, über dem Kopf waren die nackten Dachsparren und die darüberliegende verwinkelte Ziegeldachlandschaft zu sehen.

An diesem hellen, luftigen Ort wurden Skier und Koffer gelagert, die Weihnachtskrippe mit ihren kunstvollen Figuren, die Otto Blümel für die Kinder gebastelt hatte, vielleicht auch die noch harten Birnen, die hier oben frostfrei, aber kühl und gut durchlüftet ab dem Herbst auf die Genussreife warteten.

Kluge Hausfrauen wussten, welche Lebensmittel im feuchten, kühlen Keller und welche auf dem gut durchlüfteten, im Sommer heißen und im Winter kalten Speicher ihren Platz hatten. Auf den warmen Dielenbrettern wurden in Sommer und Herbst Erbsen und Pilze gedörrt, Lindenblüten, Huflattich und Holunder für den Hustentee wurden in Kopfkissenbezügen staubfrei und ungeziefersicher getrocknet. In Gaienhofen sah ich auf einem Speicher einmal ausgepalte Bohnen und Zwiebeln trocknen, ein Leinensack mit Walnüssen hing schwer und nagersicher an einer Querverstrebung. Weil Hesses sich vegetarisch ernährten, fehlte ein guter Teil des üblichen Lagerguts. Doch auf anderen Speichern gab es sie: Die Würste und die gepökelten Schinken aus der Herbstschlachtung, die man für Mäuse unerreichbar frei hängend an einem Dachbalken baumeln lassen musste, wo sie reiften und in der Luft trockneten. Für alles, was trocken und gut durchlüftet sein sollte, taugte dieser Ort, auch für ausrangierte Möbel, Werkzeuge und ungeliebte Bilder.

♦

Irgendwann in den Neunzigerjahren ließ Lenore Waentigs Sohn den geräumigen und hohen Dachboden zu einer Wohnung für sich und seine Familie ausbauen. Weil der Speicher so hoch war, reichte es sogar noch für einen weiteren Zwischenboden und damit für einen neuen, weniger hohen Spitzboden, wo man immer noch leidlich gut stehen kann, erreichbar über eine Schiebetreppe. Leider sind damals die wunderschönen geschweiften Fledermausgauben, die sich harmonisch in die Dachlandschaft geschmiegt und für Licht unter dem Giebel gesorgt hatten, zugunsten schnöder Velux-Fenster aufgegeben worden, die allerdings den Vorteil haben, dass noch mehr Licht in die Dachräume einfallen kann. Eigentlich sind sie mit dem Denkmal Hesse-Haus nicht kompatibel. Doch das Ungemach geschah vor meiner Zeit, so konnten seitens des

Denkmalschutzes diese Fenster bleiben. Schön sind sie nicht, sie aber bei der erneuten Renovierung 2004 wieder durch formschöne Gaubenfenster zu ersetzen, hätte weitere Unsummen an Geld verschlungen.

Dafür ließ ich mit großem Aufwand den ausgebauten Speicher dem Stil des übrigen Hauses anpassen. Die Baumarkttüren verschwanden, ihre Stelle nehmen nun schöne alte Zimmertüren mit Messingbeschlägen ein, gerettet aus einem Abbruchhaus, ein aufgearbeiteter Dielenboden vom Händler historischer Baustoffe wirkt freundlicher als zuvor das Plastiklaminat, die Wände sind von Hand lasiert, die Naturholzverschalung der Zimmerdecken elfenbeinfarben gestrichen. In einem der vier Zimmer steht heute mein Schreibtisch. Von ihm aus erfreue ich mich am Blick weit über den See, der mit zwei Armen die Halbinsel Höri umfasst. Diese Sicht konnte die Familie Hesse vor hundert Jahren noch aus Erdgeschoss und erstem Stock genießen, heute sind Neubauten und Baumkronen in die Höhe gewachsen und versperren die Aussicht aus den unteren Stockwerken.

Zu Hermann Hesses Zeiten wurden in der unter meinem Arbeitszimmer liegenden Bibliothek die Ideen geboren und Entscheidungen getroffen. Heute geschieht das in meinem Arbeitszimmer, im buchstäblichen Oberstübchen. Keller und Speicher waren seit jeher Räume, die ganz auf ihre Funktion reduziert waren – gewohnt wurde in ihnen zu Hesses Zeiten nicht. Das hat sich geändert. Das häusliche Leben hat zwar nicht den Keller, aber doch den ehemaligen Speicher erobert, er ist zu einem Kreativ-Ort geworden, der der gesamten historischen Substanz übergeordnet ist. Erst mit dem Einzug in mein Speicher-Arbeitszimmer habe ich das Haus endgültig unter meine Fittiche und in Besitz genommen.

◆

DIE KALTE PRACHT

Das Wohnzimmer

♦

»Es ist dunkel geworden, (...). Die verhängte Messinglampe beleuchtet die alte Wohnstube mit ihren matten Holzwänden, die schmale Wandbank, den starken Eichentisch, die bleichen Holzschnitte an der Wand. Und hinträumend genieße ich die Ruhe meines Hauses und meiner Stube, die Stille und Weltferne, die mir niemand stört.«

Hermann Hesse, Abendstunde, 1904

Willkommenskultur im Hesse-Haus

Seite 64 Das schöne Wohn-/Esszimmer im Erdgeschoss des Hauses beherbergte einst illustre Gäste wie den Maler Olaf Gulbransson.

rechts Der erhaltene umlaufende Holztäfer an den Wänden bereitet eine behagliche Atmosphäre.

Ich öffne die abgewetzte Mappe und ziehe vorsichtig den Abzug einer Schwarz-Weiß-Fotografie heraus, die ich im Deutschen Literaturarchiv in Marbach gefunden habe. Die Aufnahme stammt aus den Jahren zwischen 1904 und 1907 und zeigt ein Detail der Stube im Bauernhaus unten im Dorf, das die Hesses damals noch bewohnten. Entlang der handgearbeiteten, mit Blattranken und Kreiselementen verzierten Ofenkacheln erkenne ich eine Sitzfläche, ein einfaches Holzbrett, Oberfläche und Kante gerundet und geglättet von den Hosenböden vieler Generationen, die schon vor der Familie Hesse hier gewohnt haben. Sie haben sich dort gewärmt, eng an den Ofen geschmiegt, der die Rücklehne dieser einfachen Bank bildet. Auf dieser Bank hockt nun wie eine Sphinx auf einer gestrickten Unterlage – vielleicht ein Umschlagtuch von Mia – die Katze Gattamelata, argwöhnisch schaut sie in Mias Objektiv. Der Raum wirkt etwas dunkel, aber warm und anheimelnd. Ich ziehe ein weiteres Bild heraus, ebenfalls eine Szene in der Stube. Da sitzt das rundliche Kind Bruno – etwas unglücklich aus der Wäsche schauend – in einer schlichten, rohen Holzkiste, deren Oberfläche schon sehr in Mitleidenschaft gezogen ist, auf den ausgesprochen breiten Dielen des Stubenbodens. Im Hintergrund ist wieder die eben beschriebene einfache Sitzbank zu sehen, die sogenannte »Ofenchunst«, die geschwungenen Seitenwangen sind jetzt gut zu erkennen. Bruno ist eingeklemmt in der Kiste, denn der Schiebedeckel ist bis zum Bauch des Kindes zugezogen, hält es dadurch am Platze und bildet zudem eine Ablagefläche zum Spielen. Ist das eine von Hermann Hesses Bücherkisten, die hier für das Kind zweckentfremdet wurde? Links ist noch ein Weidenkorb zu sehen, vielleicht mit Wäsche oder Nähzeug. Es muss Winter gewesen sein, als die Aufnahmen entstanden, Bruno trägt einen dicken Pullover. Kein Teppich, keine Kissen, kein Spielzeug, nichts Dekoratives ist erkennbar. Alles ist pure Notwendigkeit.

Die Stube spiegelt wie kein anderer Raum eines Hauses das gesellschaftliche Miteinander. Nur in den großen, reichen Höfen anderswo gab es noch eine zweite Stube, die »kalte Pracht«, die den größten Teil des Jahres verschlossen blieb und ausschließlich bei besonderen Ereignissen genutzt wurde. Wenn es für die Festlichkeit gemütlich warm sein sollte, musste hier zeitig eingeheizt werden, um die Kälte von Wochen und Monaten zu vertreiben. Kinder durften sich nur auf Zehenspitzen den unter Spitzendeckchen hindämmernden Möbeln nähern – diese kalte Pracht war kein Raum zum Spielen und Sich-Wohlfühlen, sie diente allein der Repräsentation. Doch hier im äußersten Zipfel Südbadens konnte sich niemand eine zweite Stube leisten. Es gab nur einen einzigen Raum im Haus, der Platz für die gesamte Familie mit Gesinde bot und in dem alle gemeinsam am Tisch saßen. Unter dem Herrgottswinkel – so wurde der Zimmerwinkel zwischen zwei über Eck stehenden Fenstern genannt, der im oberen Bereich mit Kreuz, Palmzweigen und weiteren Devotionalien geschmückt war – wurden beim Löffeln der Suppe wichtige

links Katze Gattamelata auf der Ofenbank im alten Bauernhaus.

rechts Bruno Hesse in einer Holzkiste sitzend in der Wohnstube des alten Bauernhauses, im Hintergrund die Ofenkunst.

Entscheidungen getroffen und verkündet: Wer heiratet wen, was wird wann gesät, wer wandert nach Amerika aus. Eine Eigenart der guten Stuben hier im süddeutschen Raum war, dass sie zwar einen Kachelofen hatten, dieser aber nur indirekt mit der Küchenwärme beheizt wurde. Indem man einen Schieber öffnete, wurde die Küchenwärme zur Kachelwand der guten Stube geleitet und es wurde leidlich warm.

In der Stube kam man an dunklen Winterabenden zusammen, die Frauen stopften Socken, strickten oder ließen das Spinnrad monoton leiern, derweil krabbelten die Kinder auf dem erwärmten Dielenboden herum. Auch das legendäre Stubenküken aus der späten Herbstbrut der Hennen konnte in der Wärme unter dem Tisch problemlos noch im Winter das Schlachtalter erreichen. Tagsüber setzte man sich mit Besuchern hierher, trank vielleicht einen Most mit ihnen. Die Stube war auch die Bühne für die hohen Festtage. Zu Weihnachten stand hier der festlich geschmückte Baum, die großen Familienfeiern wie Taufen, Kommunion und Goldene Hochzeiten wurden im Kreis der Gäste gefeiert, der teure Festtagswein und der selbst gebrannte Schnaps flossen reichlich, unter der Terrine mit der Fleischsuppe, dem Sonntagsbraten und anderen fettlastigen Speisen bog sich der ausgezogene Tisch, ausnahmsweise mit einem Tischtuch gedeckt. Wenn vorhanden, wurde das beste Geschirr aufgelegt. War jemand aus dem Haus gestorben, wurde der Leichnam im schönsten Sonntagsgewand, sauber gewaschen und gekämmt, gebettet in Leinen mit Spitze in der Stube offen aufgebahrt, mit je einem Kerzenleuchter zu beiden Seiten. So konnte jeder im Dorf einen Hausbesuch abstatten, um sich zu verabschieden. Man rückte zusammen, um mit den Hinterbliebenen diese und jene Episode aus dem Leben wieder in Erinnerung zu rufen, die gemeinsame Trauer mit einem Zibärtle hinunterzuspülen und ein letztes Lebewohl zu sagen.

♦

Zusammen mit den Lebensgewohnheiten der Bewohner veränderte sich im Lauf der Jahrzehnte auch die Nutzung der Stube, das konnte ich gut bei meiner Lieblingstante Emma ablesen, die hier im Dorf die Hebamme war. Irgendwann wurde die unmodern gewordene Ofenkunst ausgebaut und durch ein Kanapee ersetzt, das sie nach einer anstrengenden Geburtshilfe in der Nacht zuvor gern für ein Mittagsschläfchen nutzte. Sie hat etwa tausend Kindern auf der Halbinsel Höri auf die Welt geholfen, hielt tagsüber Hof in ihrer stets geöffneten Stube und hatte immer ein Ohr für die Nöte junger oder werdender Mütter, die umstandslos zu ihr hereinkamen, um sie zu konsultieren. Dabei diente der Esstisch, der bei Familienfeiern ausgezogen wurde, als Ablage für den zu begutachtenden Säugling. Diesen Dienst hielt sie auch dann noch aufrecht, als sie schon lange den Beruf aufgegeben hatte – ihr Fahrrad, mit dem sie bei Wind und Wetter zu den Geburten gefahren war, hatte eines Tages den Geist unter ihrem Gewicht aufgegeben, so die offizielle Version. Später hielt bei ihr auf einem wachstuchbedeckten Tischchen der Fernseher Einzug in die Stube und nicht nur hier, sondern auch anderswo wurden Nachrichten oder beliebte Ratesendungen zwecks Entspannung angeschaut. Dann wurden ein Sofa und zwei unförmige Sessel angeschafft, um die Füße hochlegen zu können und uns Sommergästen und anderen Besuchern mehr Komfort zu bieten. Noch lange standen in dieser Stube ihr Nähtisch und auch der Schrank, der das feine Geschirr, das »Bauernsilber« – innen versilberte Glasleuchter –, sowie die kristallenen Weingläser sichtbar hinter einer Scheibe präsentierte. In einer gut verschlossenen Schublade dieses Schranks wurden wichtige Dokumente und das Geld aufbewahrt. Eine Standuhr mit tiefem Gongschlag, die die Vergänglichkeit der Zeit anmahnte, vervollkommnete das Interieur. Aus der ehemals kargen Stube war ein Wohnzimmer geworden.

Die Stube in Hesses altem gemieteten Bauernhaus war schmucklos. Jahrzehntelang hatte sie den vorherigen Bewohnern gedient und speicherte deren Leben in ihren Wänden, bevor sie ab 1904 von dem jungen Poeten und seiner Frau in Gebrauch genommen wurde. Das Einfache des Landlebens reizte sie, zunächst Mia noch mehr als Hermann Hesse, wie er später einmal einräumte. Dabei war es Mia, die wahrlich mit einer anderen Art des Wohnens vertraut war, ihr Mann dagegen war immer schon gut mit Kargheit zurechtgekommen. Es gibt eine Ablichtung eines Wohnzimmerinterieurs von Mias Verwandten, gefertigt als Auftragsarbeit vom Atelier Bernoulli. Man erkennt sorgfältig tapezierte Wände mit Landschaftsbildern, davor mit Edelholz furniertes Mobiliar mit Messingbeschlägen, eine Pendule auf der Kommode, ein Orientteppich auf dem Boden, goldgefasste Ahnenbilder an den Wänden, helle, stattliche Fenster. Wie groß müssen das Vertrauen und die Liebe Mias gewesen sein, um sich der Einfachheit eines in die Jahre gekommenen Bauernhauses auszusetzen und das sogar noch gut zu finden? Oder war es schlicht

oben Nach dem Umzug in das neue Haus zeigt sich das Wohn-/Esszimmer geräumig und repräsentativ.

rechts Die grün lasierten Kacheln korrespondierten einst mit dem heute verlorenen grünen Linoleumboden.

die Übersättigung durch ihre großbürgerliche Herkunft, die sie an die Richtigkeit des einfachen Lebens glauben ließ?

Nach drei Jahren war das allzu bescheidene Leben im Bauernhaus abgeschlossen und es gab Aussicht auf ein schönes, großes, helles Haus, das alle Wünsche erfüllen sollte. Bei der Frage, wie denn die Stube aussehen sollte, flossen erkennbar verschiedene Überlegungen in die Planung mit ein. Schon die Bezeichnung weckte einen neuen, ganz anderen Anspruch: Im Grundriss des neuen Hauses ist die Stube als »Wohnzimmer« ausgewiesen. Es ist der größte Raum im Erdgeschoss und entspricht in seinen Abmessungen genau dem Studierzimmer von Hermann Hesse, welches darüber im ersten Obergeschoss liegt. Mia und der Architekt Hans Hindermann übernahmen die Elemente der bäuerlichen Wohnkultur, die in der alten bäuerlichen Stube als angenehm empfunden worden waren, und veränderten das, was nicht gefallen hatte. Gemütlich und wärmend sollte der Raum sein, großzügiger bemessen als die Stube zuvor. Dem nach wie vor von der Küche zu beheizenden Kachelofen fehlte eine umlaufende Ofenbank, stattdessen befindet sich bis heute eine umlaufende Bank am Tisch in der Zimmerecke entlang der Fenster, dabei wurde geschickt der darunterliegende freie Raum als Stauraum mit Schiebetüren genutzt. Die schlichten grünen Kacheln des Ofens wiederum erinnerten an die Bauernhausstube. Ein weiteres Merkmal regionaler Bauweise war der Holztäfer, eine umlaufende, schulterhohe, im Bereich des Esstisches sogar bis an die Decke hochgezogene Holzverkleidung an den Wänden. Auch die typischen, über Eck stehenden Fenster am Esstisch fehlten nicht. Auf den üblichen Herrgottswinkel zwischen den Fenstern konnte Hesse getrost verzichten, das allzu Frömmelnde lag ihm aufgrund der pietistischen Erfahrungen in seinem Elternhaus überhaupt nicht.

Die Übernahme tradierter Anordnungen und Formen innen wie außen an einem Haus entsprach den Grundregeln der Reformarchitektur von 1900, nach denen ein Haus immer auch die lokalen Charakteristika einer Bauweise und Ausstattung spiegeln sollte, damit es sich harmonisch in die Gegend einfügte. Ich würde mir wünschen, dass heutige Architekten ebenso umsichtig handelten, anstatt toskanische Landvillen im Schwarzwald zu platzieren.

Dass sich im Hesse-Haus Tradition geschickt mit moderner Baukunst verband, zeigt auch der Bodenbelag des Wohnzimmers. Das gesamte Zimmer war nicht mit dem üblichen Dielenboden, sondern mit einem besonderen Fußbodenbelag ausgestattet: Linoleum. Das war um 1900 für diesen Zweck das innovativste und teuerste Material, bisweilen ist es auch heute noch in alten Villen aus jener Zeit unter den darüber verlegten neueren Böden zu finden. Der elastische Werkstoff aus Leinöl, Korkmehl und Jute galt als unempfindlich und robust und war dank fehlender Fugen leicht zu pflegen. Endlich war Schluss mit tiefsitzendem Schmutz und Knöpfen, Perlen, Nägeln und anderen Dingen, die sich auf Nimmerwiedersehen zwischen den Ritzen verloren. Namhafte Architekten des Jugendstils experimentierten mit Mustern des Linoleums, doch leider waren die Farben nicht sehr haltbar. Vielleicht ist das der Grund, warum sich die Hesses für einen einfarbigen Boden entschieden. Zu sehen ist er beim genauen Studium eines Schwarz-Weiß-Fotos, das aus der Zeit nach dem Einzug stammt; es zeigt den sanften Glanz des fugenlosen und ungemusterten Bodens im Wohnzimmer. Ich nehme an, dass dunkelgrünes Linoleum gelegt worden war, passend zum grünen Fliesenspiegel des ursprünglichen Kachelofens.

Die Aufnahme lässt noch weitere Details erkennen, die Aufschluss über die diesem Raum zugedachte Funktion geben, aber auch, welche

Änderungen er bis zum heutigen Tag erfahren hat. Offenbar hatte sich das Paar überlegt, wo sie Besucher im Erdgeschoss empfangen können, die aufwendigeren Zimmertüren als anderswo im Haus und die sorgsame Möbelausstattung, die speziell für diesen Raum vom Architekten entworfen und individuell vom Schreiner gefertigt wurde, sprechen für die Rolle als repräsentabler Raum für Gäste. Erkennbar sind mehrere Stühle und der Esstisch mit damals modernen Gestaltungsmerkmalen der Reformzeit – funktional und schlicht, aber mit originellen Details in der Fußstrebe des Tisches sowie einem anatomisch korrekten Schwung der Rückenlehnen der Stühle. Diese Abkehr vom Schnörkelinventar der Gründerzeit-Stuben, der Materialschlacht mit ihren Muschelaufsätzen und kunstvoll gedrechselten Stuhlbeinen, entsprach ganz dem Stil der neuen Zeit: Rückkehr zu einfachen Formen, gediegene Qualität. Wer es sich leisten konnte, nahm einfach das Beste vom Besten, frei von überflüssigem Beiwerk, das war der Trend um 1900. Auch die beiden Einbauschränke, vermutlich für Geschirr und Tischwäsche gedacht, spiegeln den Reformgedanken wider: Praktisch und schlicht sollte es sein.

In jener Epoche wurde ein neues Haus grundsätzlich als Gesamtkunstwerk angesehen, bei dem jedes Detail stimmen sollte; Bodenbeläge, Möbel, Stoffe, Türbeschläge und Tapeten bildeten eine Gesamtkomposition von hohem Aussagewert. Um ein harmonisches Endergebnis zu erzielen, übernahmen alle namhaften Architekten der Reformzeit – hier seien stellvertretend Peter Behrens und Charles Rennie Mackintosh genannt – auch die Innenausstattung ihrer Häuser. So wie sie arbeitete Hans Hindermann so umfassend, wie es die Zeit verlangte. Ich bin mir allerdings sicher, dass hier im Hesse-Haus nach dem Einzug doch noch das eine oder andere private Möbel einzog und es nicht ganz so puristisch zuging, wie es das Foto darstellt.

oben Vom Geschirrschrank zwischen den Fenstern schaut nicht mehr Hesses Bronzebüste auf die Besucher, sondern die Gipsbüste der Tante der heutigen Besitzerin.

Auf einem der Fotos sticht ganz besonders ein eckiger Wandschrank heraus, er ist fest zwischen zwei Fenstern eingebaut. Die Aufnahme zeigt auf dem Schrank einen nach vorne offenen Holzaufsatz mit Dach und zwei Säulchen, unter dem eine Bronzebüste steht – es ist der Hausherr höchstpersönlich, der da wie ein Heiliger im Altarschrein von oben über die Anwesenden hinweg in den Raum schaut! Wie kann das sein? War Hesse nicht völlig uneitel? Warum also diese Selbstpräsentation hier im Wohnzimmer? Vielleicht war es der erste Erfolg, der ihn so selbstbewusst machte, der Hausherr zeigt sich in seinem ganzen Stolz. Auch hier gibt es Bezüge zur gesellschaftlichen Strömung jener Zeit: Es war en vogue, im Wohnbereich repräsentative Bronzefiguren aller Art aufzustellen. Heute noch bezeugen im Antikhandel eine Vielzahl von Tierdarstellungen oder allegorischen Figuren, ausgeführt in hoher Qualität, wie beliebt dieser Zimmerschmuck um 1900 war. Namhafte Künstler und Bronze Gießereien lebten damals von solchen Kunstwerken. Hesse selbst hatte in seinem Tübinger Zimmer eine »Hermesbüste in schöner Größe«[11] stehen.

Der Bildhauer Eduard Zimmermann, ein Mitglied der Münchner Künstlerszene und Freund Hermann Hesses, hatte laut Überlieferung für seinen Freund die genannte Büste gefertigt und ihm diese anlässlich seines 30. Geburtstags im Jahr 1907 übergeben – also zur Zeit des Hausbaus. Es ist eine Ablichtung erhalten, auf der diese Büste vom strahlenden Hausherrn getragen wird.

War es eine Auftragsarbeit von Hesse oder hat Zimmermann ihn mit der Büste als Geschenk überrascht? Und wo wurde das Geburtstagsfest gefeiert? Sicherlich nicht hier im Haus, es war noch nicht bezugsfertig, immerhin konnte der Platz für die Büste noch beim Innenausbau berücksichtigt werden. Ich muss schmunzeln – immer wieder formulieren die Besucher dieses Hauses, wie einmalig, unabhängig und eigenwillig Hesse doch war, aber hier greift erkennbar der Zeitgeschmack nach ihm: Die Büste fand er gut und das nicht nur als Kunstwerk. Ganz eindeutig wurde ihr Stellplatz sorgfältig geplant, denn zusätzlich zum maßgefertigten hölzernen Tabernakel ist an der Wand dahinter eine kleine grüne Fliesenwand eingelassen, sozusagen als Hintergrund für die Büste. Offenbar sollte für alle, die den Raum betraten, der Hausherr repräsentativ sichtbar sein. Der als Wohnzimmer geplante Raum war mit zunehmender Berühmtheit des Hausherrn zum Empfangsbereich avanciert. Natürlich, so muss es gewesen sein! Wer immer von den zahllosen Verehrern seiner Kunst höflicherweise in diesen Raum vorgelassen wurde, musste allzu oft die betrübliche Nachricht entgegennehmen, dass der Meister nicht da sei – damit war das Ende des Besuchs eingeläutet. Aber immerhin konnte der Gast den verehrten großen Schriftsteller wenigstens in Form einer zentral präsentierten Bronzebüste in Augenschein nehmen. Das folgt einem geradezu archaischen Muster: Ließen nicht schon seit jeher alle namhaften Herrscher und Akteure der Geschichte ihre Konterfeis in Marmor oder Bronze in erhabener Pose an prominenten Orten für das Volk aufstellen?

Heute bin ich froh, dass dieser Schrein nicht mehr erhalten ist, doch die rückwärtige Flieseneinlassung gibt es noch. Sie bildet nicht mehr den Hintergrund für die Hesse-Büste, die in irgendeinem Museumsarchiv verschwand und für dieses Haus bis auf Weiteres verloren ist. Bis der Hausherr vielleicht irgendwann einmal an seinen angestammten Platz zurückkehrt, ist dieser schön und wirkungsvoll durch die Gipsbüste eines jungen Mädchens besetzt: Es ist meine Tante Agathe hier aus Gaienhofen, die in den Zwanzigerjahren von einem unbekannten Künstler dargestellt wurde. Die Geschichte der Büste hat meine Tante mit ins Grab genommen. Ich finde, ihr Abbild hat hier einen würdigen Platz gefunden, es ist, als sei der Platz nur für sie geschaffen worden.

♦

Das Wohnzimmer diente auch noch anderen Zwecken. Zum einen war es als Vorzimmer für Mias Fotoatelier vorgesehen, das sie hier im Haus einrichten wollte. Hier würde sie am Tisch Kundschaft empfangen, man bespräche vielleicht bei einer Tasse Tee die Wünsche für die Aufnahmen, bevor man in den kleinen Nebenraum hinüberwechselte. Doch leider ließ sich dieser Plan nicht realisieren, dazu später mehr.

Seine wahre Stärke zeigte der Raum als Esszimmer: Wurden gern gesehene Freunde zu Tisch gebeten, wurde der Tisch in der Mitte des Raums ausgezogen und bot Platz für bis zu zwölf Gäste. So ist das auch heute noch. Allerdings kann ich mir Hermann Hesse als geselligen Gastgeber kaum vorstellen. Einige Hinweise aus seinem Schriftwerk lassen vermuten, dass die Männer unter sich blieben, oben in der Bibliothek einen Schnaps oder Wein tranken, Zigarren rauchten und auf Wanderungen über Politik und Weltgeschehen sinnierten. Die Frauen hingegen hielten sich bei den Kindern im Erdgeschoss auf, bereiteten die Mahlzeiten vor, tauschten sich vermutlich über Kunst und Kultur aus oder spielten auf Mias Klavier aus Basel. Bisweilen machte man gemeinsame Ausflüge, das Ehepaar Gulbransson etwa ist mit Hesses beim Besuch einer Gartenwirtschaft am See dokumentiert.

Zumindest anfangs fand die kleine Familie regelmäßig am Esstisch zusammen. Später änderte sich das, Hesse wurde nur noch selten am Tisch gesehen, nicht nur, weil er oft monatelang unterwegs war. Er neigte dazu, sich grübelnd in sein Zimmer im Obergeschoss zurückzuziehen, je länger er im Haus wohnte, desto häufiger. Er war kein allzu begeisterter Freund der Nahrungsaufnahme. Wenn er mal mit seiner Familie am Tisch saß, wird ihn also – mehr als sein Teller mit Reform-Gemüse – der betörende Blick aus den beiden Fenstern beeindruckt haben: Geschickt hatte er an die Fassade eine Glyzinie gepflanzt, die bis heute jedes Jahr im Mai mit violetten Blütenvorhängen aufwartet. Von oben ragen die zahllosen Blütentrauben malerisch in das Fenster hinein und rahmen so aufs Angenehmste den Blick in den Garten. Und erst der süße Blütenduft! Bei geöffneten Fensterflügeln wird er in das Zimmer getragen und betört die Gäste. Leider gibt es auch einen Nachteil: Wenn sich die Schlingpflanze nach der Blüte beblättert, beschattet ihr Laubwerk die Fenster; dass das Zimmer im Sommer etwas dunkel ist, wird durch das dunkelbraun lasierte Holzwerk noch verstärkt.

Heller wird es, wenn man die Tür öffnet, die auf eine geräumige Veranda mit gemauerter Brüstung führt, die früher einen traumhaften Blick

oben Die noch von Hesse gepflanzte Glyzinie umrahmt gefällig die Fenster des Esszimmers.

nach Osten in Richtung Insel Reichenau freigab. Heute verhindert die drängende Nähe eines Nachbarhauses diesen Blick; die Sandsteintreppe, die damals in den unteren Garten führte, endet heute blind am Zaun. An lauen Nachmittagen oder Abenden muss Hermann Hesse sehr gern auf dieser Veranda gesessen haben, damals war sie noch nach drei Seiten offen. Es existiert ein Scherenschnitt von Otto Blümel als Einstiegsszene zu seiner hier 1911 uraufgeführten Moritat zu Hesses Indienreise. Der Betrachter erkennt den Hausherrn, lesend auf der Veranda sitzend. Auf dem Scherenschnitt ist an der nach Süden zum See zeigenden Seite eine charakteristische Verglasung zu erkennen, welche vermutlich den abendlichen ablandigen Windzug zum See hinunter abhalten sollte. Heute ist die Verglasung der Veranda rundum geschlossen. Bei dieser Ergänzung wurde das Gestaltungsmuster des ersten Fensters aufgenommen, daher sieht es so aus, als sei die Veranda von Anfang an ein Wintergarten gewesen, diese Arbeit wurde allerdings erst 2004 in Auftrag gegeben, um das neue Nachbarhaus ein wenig auf Abstand zu halten.

Wenn der Herbst mit ungemütlichen Dauerregen und kühlen Temperaturen kam, kehrte Ruhe im Haus der Hesses ein, keiner der Freunde kam mehr nach Gaienhofen, auch sonst niemand mehr. Die Wege waren nur noch schwer passierbar und das Dorf versank in einen eigentümlichen Ruhezustand. Die Bauern unten im Dorf hatten nun Zeit für Web- und Flickarbeiten, körbeweise wurden die getrockneten Hülsenfrüchte ausgepalt, für das Schlachten, Räuchern, das Holzmachen und die notwendigen Reparaturen war nun die richtige Zeit gekommen. Für Hermann Hesse war sowohl der Herbst als auch ein kühles, regnerisches Frühjahr das Signal, die Reisetasche zu packen und etwa in Italien wärmende Sonnenstrahlen aufzusuchen. Der Postbote brachte von diesen Reisen Karten mit südlichen Ansichten und begeisterten Beschreibungen ins Haus, die in Mia mitunter Wehmut auslösten. Als er ihr im April 1911 die Schönheit von Orvieto schildert und die Karte schließt mit: »Das alles möchte ich Dir und dem Butzi zeigen«[12], antwortet Mia, dass sie auch gern einmal wieder eine solche Reise machen würde. Doch im September desselben Jahres war Hermann Hesse schon wieder alleine fort, er hatte sich auf die mehrmonatige Indienreise begeben, um seiner Sinnsuche neue Impulse zu verleihen.

Für Mia und ihre drei Söhne bedeuteten Herbst und Winter den Rückzug ins Wohnzimmer, da es der einzige große Raum im Erdgeschoss war, der im Winter dauerhaft geheizt werden konnte. Wenn die Kinder auf dem Boden spielten, konnte sie hier ihren Hausarbeiten nachgehen. Sie bügelte und legte die Wäsche, sie flickte Berge von Kleidung, während ihr Mann entweder über ihr in der Bibliothek arbeitete oder verreist war. Doch es ließ sich nicht leugnen: Durch den Keller, der unter dem Zimmer liegt, war der Boden elend kalt, unter der Tür zur offenen Veranda zog ein scharfer Luftzug herein und die vier Fenster, die zwar viel Licht hineinließen, machten das Wohnzimmer zugig, obwohl Mia schon gleich nach dem Einzug zusätzliche Vorfenster hatte anbringen lassen. Wenn man nicht aufpasste und die Zimmertür offenließ, entwischte die leidlich warme Luft durch das Treppenhaus nach oben. Zur äußeren Kälte gesellte sich jene durch die fehlende Zuwendung. Es wirkt geradezu absurd, dass Mia ihren Mann, den sie doch so vermisste, eher als Bronzebüste zu Gesicht bekam als in leibhaftiger Form. Auch die Kinder mussten sich oft mit der metallenen Präsenz des Vaters begnügen.

Mia schreibt im Oktober 1908 an ihren in Italien weilenden Mann: »Jetzt sitzen wir richtig mitten im Winter drin, wir haben die Vorfenster u. heizen zweimal am Tag – u. trotzdem frier ich die ganze Zeit wie ein Schneider. Ich begreif gar nicht wie das kommt – es ist mir noch nie im Leben die Kälte so bis in die Knochen gegangen!«[13]

An den herbstlichen, nicht enden wollenden Nebeltagen, die das Haus in graue Watte packten und jeglichen Blick über den See in ihr Heimatland, die Schweiz, verwehrten, und den kalten Wintertagen, allein auf sich gestellt und kaum mit Ansprache durch eine erwachsene Person, begann sich sachte eine Depression zu entwickeln. Da hatte sich diese Frau gegen alle Widerstände durchgebissen, eine fundierte Berufsausbildung durchgezogen, ihren vermeintlichen Seelenverwandten an sich gebunden – und landete schließlich doch als Alleinverantwortliche bei Kindern, Küche, Keller. Während sie Windeln wechselte und Essen machte, verwirklichte sich der Ehemann. Zu Mias Zeiten war diese Rollenteilung selbstverständlich, sie darf nicht allein aus der heutigen Perspektive beurteilt werden. Im Kern trug Mia das Rollenbild der dienenden Mutter und Ehefrau in sich und rutschte nur allzu leicht in diese Funktion hinein. Sie hatte wenig Argumente, sich gegenüber ihrem Mann durchzusetzen, der für seine Arbeit, mit der er den Unterhalt für die Familie aufbrachte, alle notwendigen Freiheiten und Anregungen selbstverständlich in Anspruch nahm.

Nach über hundert Jahren gehört dieses Phänomen immer noch nicht der Vergangenheit an: Nach wie vor scheitern Ehen an diesem Rollenverständnis, viele Frauen empfinden sich als ausgehungert und abgeschnitten vom Leben; die dazugehörigen Männer haben oft kein Interesse,

oben Eine Doppeltür verbindet die wohnlich gestaltete Veranda mit dem Esszimmer.

ihre Frauen wachsen zu lassen. Manche Frau zieht den Schlussstrich. Andere reagieren, wie Mia es tat: Sie nahm sich zurück, ertrug, füllte tapfer das familiäre Vakuum, das der Ehemann hinterließ, hielt ihm den Rücken frei. Hin und wieder, wenn Hermann verreist war, lud sie eine ihrer Schwestern in das Haus ein und veranstaltete mit ihnen im Wohnzimmer Hausmusikabende am Klavier. Das Leben verarmte, das Nährende von außen kam mit den Jahren nur noch über die Erzählungen des Ehemanns und der Besucher, nichts davon war mehr selbst erlebt. Aus der wohnlichen guten Stube, die das Zentrum des Familienlebens hätte sein sollen, war eine emotional kalte Pracht geworden. So kam es, dass auch für Mia, die doch eigentlich die treibende Kraft dieses Lebensentwurfs gewesen war, das Leben in diesem Haus nach nur fünf Jahren nicht mehr attraktiv genug erschien. Damit war der Wegzug besiegelt.

♦

Wie ging es mit dem Haus nach seinem Verkauf 1912 weiter? Die nachfolgende Besitzerin Clara Auffermann hinterließ über die Nutzung des Wohnzimmers keine Spuren. Sie war Gärtnerin, arbeitete in Hameln in einer Staudengärtnerei und hatte Hesse über einen Briefwechsel zu seinem *Peter Camenzind* kennengelernt, bevor sie dem Ehepaar Hesse schließlich 1912 kurz entschlossen den schönen Garten mit Haus am See abkaufte. Sie war alleinstehend, großbürgerlicher Herkunft und hatte keine Mühe, die etwa 30.000 Reichsmark für das Anwesen zu bezahlen. Nach etwa zehn Jahren heiratete sie nach Berlin und verkaufte Haus samt Gartengelände und Mobiliar weiter an den erfolgreichen Kunstmaler Walter Waentig, der einen neuen Wirkungskreis suchte. Das Haus und seine Geschichte hatten es ihm angetan und so zog er Anfang der Zwanzigerjahre mit seiner ersten Frau Wilhelmine und den beiden Töchtern in das schon geschichtsträchtige Anwesen. Er war finanziell gut aufgestellt, da er einer wohlhabenden Damastweberei-Dynastie aus Zittau entstammte. Leider verstarb seine Frau Minnie geistig umnachtet in der Psychiatrie, einige Zeit später heiratete er die ehemalige Opernsängerin Lenore Waentig. Nach dem Tod Walter Waentigs 1962 schlug im ehemaligen Hesse-Haus erneut die Stunde der Frau: Da sein Malstil nicht mehr gefragt war und seine Werke schlichtweg unverkäuflich wurden, musste die Witwe zusehen, wie sie sich mitsamt Haus und Garten weiter erhalten konnte. So begann die Geschichte der Pension »Haus am Erlenloh« mit fünf Fremdenzimmern, in die eilig Waschbecken eingebaut worden waren.

Erst aus dieser Zeit sind wieder Erinnerungen an das ehemalige Wohnzimmer der Hesses greifbar, die ehemaligen Pensionsgäste oder deren Nachkommen senden mir hin und wieder Fotos aus dieser Zeit. Auf einem von ihnen ist zum Beispiel ein entspanntes Paar zu sehen, welches sich während eines Ferienaufenthalts an einem der Esstische hat ablichten lassen. Der Raum hatte sich zum Speisezimmer für die Pensionsgäste der fünf vermieteten Zimmer gewandelt. Hier bewirtete Lenore Waentig die Gäste mit Selbstgekochtem, auf den fünf im Raum verteilten Tischen standen die für den jeweiligen Gast reservierten Wein- und Sprudelflaschen, an allen Wänden hingen Gemälde ihres verstorbenen Mannes. Frau Waentig gab Ausflugstipps, unterhielt die Gäste kurzweilig, launig und intelligent. Die Pensionsgäste hörten gern ihre Geschichten über das Dorf und Hermann Hesse, saßen andächtig beim Frühstück auf Stühlen, die schon zu Hesses Zeiten zum Inventar gehört hatten. Das zum Haus zählende Seegrundstück bedeutete einen eigenen Seezugang und auch der große Garten besaß Anziehungskraft. Das alles sprach

einen intellektuellen Kreis an, der ab der schrillen Wirtschaftswunderzeit der Sechzigerjahre die ruhige und schlichte Atmosphäre dieses Hauses genoss. Wer hier einmal gewesen war, kam gern wieder, allerdings nur, wenn die Außentemperatur warm genug war, um den Aufenthalt im Haus angenehm zu machen. Aus gutem Grund blieb die Pension im Winter geschlossen. Schon Mia Hesse war es in dieser Jahreszeit zu kalt in der Stube gewesen, auch wenn sie beheizt war. In der Ära Waentig hat dann jemand den kalten Ofen einmal so schnell und heftig hochgeheizt, dass er aus den Fugen geriet und barst. Das war das Ende des platzraubenden und unmodern gewordenen Ofens. Als man die rußigen Reste abtrug, fügte man die noch erhaltenen Kacheln in die Wand des Wohnzimmers ein, wo der Ofen einst stand. Dort sind sie heute noch zu sehen. Die zerborstenen Kacheln wurden entsorgt, einige von ihnen fand ich später beim Umgraben des Gartens wieder.

Dieser Teil der Hausgeschichte endete etwa 1990, als die Kraft der Witwe nachließ. Familie Waentig hat die Geschicke dieses Ortes am längsten geprägt – von 1922 bis 2003. Erst danach durfte ich das Haus schließlich übernehmen. Seitdem lässt es mich mitsamt seiner Geschichte, die immer auch die Geschichte seiner Bewohner war, nicht mehr los.

♦

oben Die untere Veranda mit ihrer Verglasung diente Hesses Freund Otto Blümel als Vorlage für einen Scherenschnitt.

WER BIN ICH?

Das »Zimmer der Frau«

♦

»Weißt Du, ich freu mich halt auf unser gemeinsames Leben, schön muss es werden. Ich bilde mir immer ein, wir müssten besonders viel Talent haben zu einem vollen, ganzen, harmonischen Leben, das nicht durch Kleinkram erstickt und erdrückt wird. Ich bin zwar eigentlich gar nicht der Mensch, auf den all der Krimskrams keinen Einfluss hätte – aber ich denke mir, in einfachen Verhältnissen, auf dem Lande zumal, müsste es doch nicht so schwer sein, ein Mehreres abzuschütteln.«

Mia an Hermann Hesse, 30.12.1903

Vom »Zimmer der Frau« zum Fotoatelier – und wieder zurück

Seite 78 Mia Hesses Zimmer mit der opulenten Fensterlandschaft war ursprünglich von ihr als Tageslichtatelier gedacht.

rechts Mia hatte sich als Wandtönung für ihr Zimmer ein zartes Lindgrün ausgesucht – die Farbe der Natur und des Wachstums.

Es ist ein schöner Frühlingstag im Jahr 2004, kurz nach dem Hauskauf, als ich mir im Kreisarchiv Konstanz die Baupläne des Gaienhofener Hauses aushändigen lassen will. Immer wieder hatte ich diesen Gang aufgeschoben, denn dunkle Lagerstätten für alte Dokumente, deren süßlicher Geruch nach Papierstaub sich wie eine Glocke über mich stülpt, liebe ich nicht so sehr. Aber es wird jetzt Zeit. Wie das Äußere einer Orange sind in den letzten Monaten die offensichtlichen Überformungen der letzten dreißig Jahre vorsichtig von der alten Substanz des Hauses abgeschält worden. Nun gilt es, die Rückbauten nicht zu weit zu treiben und vor der Instandsetzung die ursprüngliche Aufteilung und Ausstattung der Räume zu erfahren. Deshalb interessiert mich heute besonders die Innenplanung des Hauses, der Original-Bauplan von 1907 (siehe Seite 18/19) wird Antworten auf viele Fragen geben: Was wurde früher wozu genutzt? Gingen im Laufe der Zeit Räume verloren? Wurde etwas zugemauert, abgetragen? Wurden Zimmerdecken abgehoben oder abgesenkt?

Ich warte gespannt auf die Blätter aus vergilbtem, kräftigem Papier, in Architektenmanier eigenartig gefaltet, die jetzt aus den Archivmappen gezogen werden. Das erste mir ausgehändigte Blatt zeigt das Haus von außen, sorgfältig breite ich es aus. In handgeschriebener Druckschrift steht dort: »Herrn Hermann Hesse Neubau eines Wohnhauses in Gaienhofen MSTB 1:100«. Die Buchstaben sind von Hand mit Tinte sorgfältig geschrieben worden. In der Mitte des Blattes ist zu lesen »Gaienhofen. Januar 1907«, gefolgt von einer Zeile »Der Bauherr«, versehen mit der typischen, etwas flach gezogenen Unterschrift von Hermann Hesse. Darunter eine weitere Zeile: »Der Planfertiger«, gezeichnet mit »H. Hindermann Architekt«. Auf diesem DIN-A3-Blatt ist die Ansicht des Gebäudes aus allen vier Himmelsrichtungen dargestellt. Ja, das ist das Haus! Auf den ersten Blick sieht mich seine Fassade so vertraut an – doch halt! Beim genauen Betrachten der Südseite stolpere ich. Hier im Plan ist an der Südwestecke des Hauses eine glatte Hauswand mit einem zweiflügeligen, bündig in die Fassade eingelassenen Fenster eingezeichnet. Wo ist der wunderschöne Erker mit seinem harmonisch geschwungenen Blechdach, der heute die Südfassade des Hauses prägt? Rasch überprüfe ich das nächste Papier, es zeigt die Grundrisse von Erdgeschoss, Obergeschoss, Speicher und Keller. Die Anordnung der Räume kommt mir bekannt vor, ich habe das alles schon als Kind gesehen. Aber was hat es mit dem Raum im Erdgeschoss auf sich, der hier auf dem Plan noch mit einfacher Außenwand dargestellt wurde, heute aber mit dem geheimnisvollen Erker ausgestattet ist? Angrenzend an das »Wohnzimmer« ist er als »Nebenzimmer« ausgewiesen. Auch im Grundriss des Zimmers ist von einem Erker keine Spur, es fehlt die Erweiterung des Raumes durch den heute vorhandenen Vorbau.

In diesem Moment ist es so, als würden Puzzleteile an ihren Platz fallen. Mir wird endlich klar, dass dies der geheimnisvolle Raum ist, der mir als

Kind bei meinen häufigen Besuchen in diesem Haus immer verschlossen geblieben war. Längst vergessen geglaubte Bilder schieben sich über mein Interesse an Auf- und Grundrissen, ich lasse die Pläne sinken und versuche, mich zu erinnern.

♦

Ich mag etwa neun Jahre alt gewesen sein, als ich etwas ziellos im Esszimmer der Malerwitwe Lenore Waentig herumstromerte, die Bilder ihres Mannes an den Wänden betrachtend. Meine Mutter hatte mich zu einem nachmittäglichen Tee-Besuch zu der resoluten Pensionswirtin mitgenommen. Die beiden kannten sich schon seit dem Zweiten Weltkrieg, meine Mutter, in Freiburg ausgebombt, hatte in diesem Haus gegen Kostgeld Unterschlupf gefunden und so die Kriegswirren äußerlich unbeschadet überstanden. Ich weiß nicht, was meine Mutter an dieser herben Frau fand, die stets in Ausrufesätzen zu reden pflegte und Kinder offenbar nicht leiden konnte. Ich meinte den bohrenden, kritischen Blick von ihr förmlich im Rücken zu spüren, als ich leise von Bild zu Bild an den mir hoch erscheinenden Wänden schlenderte. Der Raum wirkte dämmrig, die dunklen Ölfarben der Gemälde taten ihr Übriges, alles begleitet vom schwerfälligen Ticken einer großen Standuhr. Irgendwie war ich aus der Zeit gefallen. Dem Argwohn der strengen Gastgeberin entging natürlich nicht, dass ich nach einer Weile eine verschlossene Tür an einer der Zimmerseiten entdeckt hatte. Gern hätte ich gewusst, was sich dahinter verbarg, aber in diesem Moment spürte auch ich als Kind, dass es besser sei, dieser Neugierde nicht nachzugehen.

Meine Mutter erklärte mir später, dass noch nie jemand dieses Zimmer von innen gesehen habe, es sei das Privatissimum von Frau Waentig, den Schlüssel zu diesem Raum trug sie an einer Kette am Rockbund. Wenn sie nach dem Aufschließen dieses Zimmer betrat, achtete sie stets darauf, dass niemand auch nur einen Blick vom dahinterliegenden Raum erhaschen konnte. Sie wand sich jedes Mal durch den knapp geöffneten Türspalt nach innen hinein, wie eine Schlange in ein Astloch.

Ich bin oft im Waentig-Haus zu Besuch gewesen, auch noch als junge Erwachsene. Aber das Zimmer blieb für mich stets verschlossen. So kam es, dass ich es bei der Besichtigung des Hauses vor dem Kauf zum ersten Mal sah, begleitet von dem Gefühl, etwas lange Verbotenes zu tun: ein fleckiger Teppichboden, vollgestellt mit ausrangierten Möbeln, an den Wänden vergraute Tapeten, an den Fenstern zurechtgeschnittene, blaue, blickdichte Plastikduschvorhänge, die nur darauf zu warten schienen, das Zimmer wieder in ein Dämmerlicht zu tauchen. Doch dieses Zimmer barg auch einen Schatz: In den kühn geschwungenen Erker war ein großzügiges doppelflügeliges Rundbogenfenster eingelassen, das die gesamte Südseite des Zimmers dominierte. Zusammen mit zwei kleineren Fenstern in den Schmalseiten des Erkers erzeugte es eine fahle Lichtstimmung im Inneren und milderte ein wenig die Tristesse des Zimmers. Nur wenig Helligkeit kam herein – der Blick nach draußen endete in wirrem, blickdichtem Grün. In der Wand neben dem Erker befand sich, eingebettet in der fleckigen Tapete, ein weiteres kleines Fenster, das sich nach Osten öffnete. Alles schien voller verborgener Strömungen zu sein. Zu diesem Gefühl, ein heimliches, verborgenes Zimmer zu betreten, trug auch bei, dass mir der Sohn von Frau Waentig, der mich auf meiner Hausrunde begleitete, das Signal gab, dass ich auf keinen Fall die dort gelagerten Bilder seines Vaters in Augenschein zu nehmen hätte.

Als nach Übernahme des Hauses im Jahr 2004 endlich das Neue Einzug halten durfte, ging ich oft in dieses kleine, nun ausgeräumte Zimmer und versuchte, es zu verstehen. An einer Stelle neben der Tür fand sich ein winziger lindgrüner Farbrest aus der Zeit des Hausbaus. Der Teppichboden war herausgerissen und nichts als grauer Estrich wurde sichtbar. Er war viel zu hoch eingebracht, um noch Platz für stabile Dielenbretter zu lassen. Was mag hier wohl für ein Boden gelegen haben? Unter den abgerissenen Tapeten waren verputzte Wände zum Vorschein gekommen. Sorgfältig inspizierte ich sie auf Spuren einer ehemaligen Tür, denn mir wollte die Nutzung dieses Raumes nicht recht einleuchten. Ein Zimmer, welches nicht über den zentralen Flur, sondern nur durch einen anderen Raum betretbar ist, ist ein gefangenes Zimmer. Es wird zur Nebensache. Warum sollte sich ein Bauherr so etwas bauen lassen? Was war der Sinn?

Etwa zur gleichen Zeit entdeckte ich im örtlichen Museum ein Foto des Interieurs und der schönen Fensterseite des kleinen Zimmers. Über die Herkunft der Aufnahme konnte niemand etwas sagen, doch es war offenbar noch in der Zeit entstanden, als Familie Hesse dort im Haus wohnte: Man erkennt den charakteristischen Fensterbau im Erker, in der Fensternische einen der Stühle, die Hans Hindermann für dieses Haus entworfen hatte, einen kleinen Beistelltisch, im Hintergrund seitlich ein Regal, an dessen Seite ein kleines Bild hängt. Eine deplatziert wirkende stabile Stange hält einen dichten schwarzen Vorhang. Erkennbar ist auch ein Rollladengurt neben dem Fenster. Das Arrangement wirkt gestellt und unpersönlich, als sollte es nicht zu viel preisgeben. Und doch birgt das Foto eine Fülle an Informationen. Der Stil der Aufnahme lässt darauf schließen, dass diese Aufnahme zu der Serie gehörte, die für den Beitrag »2 Dichterwohnungen am Bodensee« in der Beilage der *Architektonischen Rundschau* von 1909 gefertigt worden war. Doch in diesem Artikel wurden nur zwei Außenaufnahmen des Hauses veröffentlicht. Das Interieur-Foto des kleinen Zimmers und zwei weitere Innenaufnahmen, die ich ebenfalls im Museum gefunden hatte, waren nicht abgebildet.

Das Zimmer von Mia Hesse.

oben Ein schwarzer, dichter Vorhang sollte damals in Mias Atelier zur Steuerung der Lichtverhältnisse für die Fotoaufnahmen dienen.

In den 1907 eingereichten Plänen für die Baugenehmigung, die ich in Konstanz eingesehen hatte, hatte der Erker, der bis heute das kleine Zimmer im Erdgeschoss prägt, noch gefehlt. Zu dieser Zeit stand das Haus noch nicht. In dem Artikel der *Architektonischen Rundschau* von 1909 ist dagegen die Existenz des Erkers sowohl durch die abgebildeten Außenaufnahmen als auch durch den dort dargestellten Grundriss des Erdgeschosses belegt. Die Veröffentlichung von 1909 zeigt eine Version der Baupläne, die während des Baus entstanden sein muss. Offenbar stammt auch sie von Hindermanns Hand: Der Stil der genehmigten Erstfassung der Planung von 1907 stimmt mit dem in der Architekturzeitschrift veröffentlichten Plan überein, die Ausgestaltung ist bis auf den zugefügten Erker dieselbe. Auch die Bezeichnungen der Räume sind die gleichen geblieben – bis auf eine Ausnahme. Das »Nebenzimmer« heißt nun »Zimmer d. Frau«. Das Erkerzimmer war also für Frau Hesse bestimmt. Zunächst war er vielleicht als Rückzugsort und zum Briefeschreiben gedacht. Doch dann wurde das Zimmer durch den neu geplanten Erker lichter gestaltet und bekam so eine ganz neue, offenere Atmosphäre. Aber warum?

Ich begann mich näher für das Leben der ersten Frau von Hermann Hesse zu interessieren. Zu lesen gab es nichts über sie, auch die Nachkommen, die ich kannte, schienen kaum Erinnerungen an sie zu haben. Mia Hesse schien sich zu verstecken, sie war ein Schatten, nichts war offensichtlich.

♦

Ich öffne vorsichtig die schwarze abgestoßene Pappschachtel. Es ist ein Verkaufskarton von »Apollo-Rapid Gelatine-Trockenplatten«, offenbar hatte sie ursprünglich unbelichtete Fotoglasplatten für den professionellen Bedarf enthalten. An der Art des Aufdrucks sieht man, dass der Karton etwa hundert Jahre alt ist. Auf den Deckel hat jemand einen Zettel geklebt, »Fam. Bernoulli-Comas« steht da. Nach dem Anheben des Deckels sehe ich schwarz-silbrig angelaufene Glasplatten, einen ganzen Stapel. Behutsam hole ich mit behandschuhten Fingern eine der Glasplatten heraus und halte sie gegen das Licht. Es ist ein Blick in eine andere Welt, gestochen scharf erkenne ich als Negativ eine neben einem Lehnstuhl stehende Frau, die Hand locker auf die Lehne gelegt. Sie trägt ein Kleid der Jahrhundertwende und schaut den Betrachter nicht direkt an, sondern seitlich aus dem Bild heraus. Es ist nicht Mia Hesse.

links Ein Konvolut belichteter Glasplatten aus dem Photoatelier Bernoulli.

rechts Mia Bernoulli mit Blumenhut und Fototasche Anfang 1902 in Hamburg.

Auch alle anderen belichteten Platten in diesem Karton zeigen Porträtmotive von Herrschaften, immer in Räumen aufgenommen, einzeln oder in Gruppen. Später stellt sich heraus, dass es Geschwister und Neffen von Mia Hesse sind. An der Mode und am dargestellten Interieur ist ablesbar, dass alle diese Platten etwa aus derselben Zeit stammen. Hier und da taucht der kleine Tisch auf, der auch auf der Aufnahme von Mias Zimmer zu sehen ist. Er diente offenbar nicht nur hier im Erkerzimmer als Requisite für die Fotografien.

Diesen kleinen Schatz, den ich da in den Händen halte, verdanke ich einer von Mia Hesses Großnichten. Ich hatte sie in ihrer Apotheke in Zürich angerufen und ihr von meiner Idee berichtet, das Leben von Mia Hesse vor dem Vergessen zu bewahren. Ich schilderte ihr, wie ich nach Übernahme des Hesse-Hauses in Gaienhofen bei der Durchsicht der alten Hauspläne stutzig wurde, als ich das als »Zimmer d. Frau« ausgewiesene kleine Zimmer im Erdgeschoss fand und dass ich mehr über seine Bewohnerin wissen wollte. Ich hörte sie am Telefon nur schwer atmen und fragte besorgt: »Sind Sie noch da? Geht es Ihnen gut?« Da stieß sie hervor: »Endlich! Endlich kümmert sich jemand um meine Großtante, der so viel Unrecht widerfahren ist!«

Ich dehnte meine Recherchen aus und wurde weiter fündig: Ich fand andere liebe und dankbare Verwandte, die meine Arbeit umfassend unterstützten. Sie sichteten die Speicher und Keller ihrer Häuser, blätterten in alten Briefen, kramten in ihren Erinnerungen und stellten mir all die Fundsachen großzügig zur Verfügung. In Offenbach am Main erhielt ich Briefe von Mia an ihren Mann in einer Pappschachtel, aus einem Münchner Vorort kam ein Familienstammbaum, im Keller des Hauses von Mias Schwester Tuccia in Muri bei Bern fanden sich das Kochbüchlein und Briefe der Eltern Bernoulli. Es gab aufschlussreiche Gespräche mit verschiedenen Großnichten und noch mehr Fotos in Graubünden.

Es wurde Zeit, eine Forschungsgruppe zu Mia Hesse zu gründen. Engagierte Frauen nebst einem Transkriptor, der Briefe aus der Sütterlin-Schrift in heute Lesbares verwandelte, trugen dazu bei, dass sich nach und nach ein Bild von dieser Frau formte. Ich begann zu verstehen, was sie ausmachte und wie sie gelebt hatte. Die Persönlichkeit der Mia Hesse in der Gaienhofener Zeit schärfte sich wie eine Fotografie in Entwicklerflüssigkeit. Plötzlich wurde alles stimmig, was ich hier im Haus vorgefunden hatte.

♦

Meine Wahrnehmung ist das Bild einer Frau aus der großbürgerlichen Basler Gesellschaft, dem »Basler Daig«. So nannte man die führende Gesellschaftsschicht, die schon im Mittelalter die Stadt zu beschützen hatte, ein Zusammenschluss von zuverlässigen Häusern, die auf einer Wallanlage um Basel herum angesiedelt waren. Dazu gehörte auch die Familie Bernoulli, die Herkunftsfamilie von Maria, mit Kosename Mia genannt. Mit diesem familiären Hintergrund war das Leben eigentlich von Anfang an in feste Bahnen gepresst. Während die männlichen Nachkommen eine akademische Bildung genossen, war es die Aufgabe der Töchter, nach Primar- und höherer Mädchenschule bei Debütantinnenbällen eine passende Partie aus den anderen Familien gleicher Gesellschaftslage zu finden. Nach der standesgemäßen Heirat ging das Leben dann weiter seinen vorgezeichneten Gang: Die Frauen bekamen Kinder, veranstalteten und besuchten repräsentierend an der Seite des Ehegatten Gesellschaften und waren für Haushalt und Kinder zuständig, ganz nach dem biblischen Motto: Die Frau sei dem Manne untertan. Das war für die Zeit um 1900 nichts Ungewöhnliches, in der Schweiz schon gar nicht, die sich noch sehr lange mit der Gleichberechtigung von Frauen schwer tat.

Mia Bernoulli jedoch begehrte auf. Sie hatte keine Lust auf das verkrustete Leben, das ihr keine Überraschungen bot. In ihrer jüngsten Schwester Tuccia fand sie eine Mitstreiterin. Die beiden Schwestern waren lebenshungrig, wissbegierig und alles andere als angepasst. Es dauerte fast ein Jahr, bis der völlig entnervte Vater den Töchtern endlich die Zustimmung für die gewünschte Ausbildung als Fotografin gab. »Tuccia ärgerte sich eine Gelbsucht an«[14], so lautete die interne Familiensprachregelung. Der behandelnde Arzt empfahl dem Vater nach fruchtlosen Heilversuchen, die sich ein Jahr hinzogen, doch endlich der Ausbildung zuzustimmen, wenn er nicht die Gesundheit seiner Töchter weiter aufs Spiel setzen wollte. Ob dem Vater bewusst war, dass er mit dieser Entscheidung gleichzeitig den Bruch mit dem vorgezeichneten gesellschaftlichen Weg in Kauf nahm?

Voller Tatendrang begannen Mia und Tuccia 1901 in München im »Frauenphotoatelier Elvira« ihre eher inoffizielle Ausbildung. Inhaberin des Ateliers war Sophia Goudstikker, bekennende Lesbe und Mittelpunkt der Münchener Gesellschaft. Mitglieder der Bohème, der feinen Gesellschaft und sogar des königlichen Hofs gaben sich bei ihr ein Stelldichein. Über die Ausbildungsinhalte bei Frau Goudstikker ist nichts bekannt, auf jeden Fall aber lernten Mia und Tuccia bei ihr, dass sie es auch jenseits der gesellschaftlichen Norm zu etwas bringen konnten. Nach der Beendigung dieser ersten Lehrzeit gelang es der selbstbewussten Mia, bei Rudolf Dührkoop, dem berühmten Hamburger Fotografen, zu hospitieren und sich detaillierte Kenntnisse zur modernen Porträtfotografie anzueignen.

Mithilfe des Baseler Staatsarchivs konnte ich den ehemaligen Standort des Fotoateliers identifizieren, das die Schwestern 1902 nach ihrer Rückkehr nach Basel gründeten. Das »Frauenphotoatelier M. und T. Bernoulli« in der Bäumleingasse 14 ist längst von einem Schönheitssalon in Glas und Stahl überbaut. Just um die Ecke, im Pfluggässlein, befand sich das Buchantiquariat Wattenwyl, wo zur selben Zeit der junge Hermann Hesse arbeitete. Vermutlich fiel Hesse das Atelier beim morgendlichen Gang zur Arbeit auf. Man weiß, dass er sich bei den beiden Frauen ablichten ließ und es auch schaffte, zu einem der von ihnen veranstalteten jours geladen zu werden, um seine Gedichte zu lesen. Das Ergebnis ist bekannt: Der fast zehn Jahre jüngere Hermann Hesse ging eine Verbindung zu Mia ein, zunächst sehr zögerlich, denn sie war die treibende Kraft. Bindung war seine Sache eher nicht.

Wenn ich den Blick auf die frisch verliebte Mia aus dem Jahr 1903 schärfe, erkenne ich eine selbstbewusste, erfahrene Frau von 35 Jahren, die weiß, was sie will, und die fleißig, diszipliniert und mit gehörigem Organisationstalent ausgestattet ist. Damals stand sie ganz in der Mitte ihrer Kraft und Fähigkeit. Auch ihr Geliebter war angetan von ihrem zähen und tapferen Naturell, das frei von Wehleidigkeit war. Sie sei ihm an physischer Konstitution und Leistungsfähigkeit überlegen gewesen, bekannte er 1960 nach gehörigem Zeitabstand. Bis zur Einrichtung ihres »Frauenphotoateliers« war sie konsequent ihren Talenten gefolgt, eine Familiengründung hatte zuvor nicht im Mittelpunkt ihres Interesses gestanden. Auf dem traditionellen Heiratsmarkt war sie schon als überfällig einzustufen. Jetzt aber hegte sie plötzlich nicht nur ein fürsorgendes, mütterliches Gefühl für den klugen jungen Herrn Hesse, der so spröde, still und irgendwie vereinsamt daherkam, sondern sie fand, dass sie die gleichen Leidenschaften teilten: Reise, Kunst und Kultur waren der Kitt der aufflammenden Liebe. Er schrieb wunderbare Texte, sie kreierte wunderbare Fotografien. Die beiden schienen einander ebenbürtig zu sein. Dass Mias Vater von der Verbindung mit diesem pietistischen Schreiberling nicht angetan war, hielt Mia nicht davon ab, sich mit Hesse heimlich außerhalb Basels zu treffen. Gleichzeitig versuchte sie unermüdlich, unterstützt von ihren Schwestern und Bekannten, bei ihrem Vater die Erlaubnis für die Verbindung einzuholen. Letztendlich setzte sich Mia über die nicht enden wollenden Einwände des Vaters hinweg: An den Eltern vorbei forcierte sie die rasche offizielle Legalisierung der Liaison. Ehe Hesse sich's versah, fand er sich verlobt und schließlich 1904 verheiratet.

♦

Immer ist es Mia, die die Initiative ergreift. Briefe und Unterlagen zeigen, dass dies ihrer Mentalität entsprach. Sie ist es, die 1904 Gaienhofen als gemeinsamen Wohnort für sich und Hermann findet, denn sie will ländlich und in Wassernähe mit ihrem Hermann wohnen. Sie ist es, die das Bauernhaus in Gaienhofen anmietet, nachdem sie die idyllische Landschaft und das Dörflein entdeckt hatte. Sie ist es, die das alte Häuschen in Ordnung bringt – und sich dadurch eine ordentliche Ischias-Attacke zuzieht. Unter der glatten Schale der Tüchtigkeit sind erste Anzeichen des sich Ausrichtens nach dem Gemahl erkennbar. Sie beginnt, ihm den Rücken freizuhalten. Mia Hesse hat ihr Atelier in Basel verlassen, um den gemeinsamen Traum der abgeschiedenen Landidylle zu leben. Hermann Hesse dagegen folgt weiter dem Ruf der Schriftstellerei. Sein Erfolg scheint ihm die Berechtigung zu geben, Ruhe und Anregungen ganz so zu suchen und einzufordern, wann und wie er es braucht. Wann ist Mia Hesse aufgewacht? Wann hat sie realisiert, dass die mühsam erkämpfte Selbstständigkeit langsam vor die Hunde ging? Und wann fühlte sie die aufkeimende Einsamkeit?

oben Heute noch genauso eindrucksvoll wie damals: belichtete Glasplatte mit einer Dame am Lehnstuhl aus dem Atelier Bernoulli.

Zunächst schien noch alles in Ordnung: Die junge Liebe füllte den Tag, das gemeinsame Ausloten der neuen Lebensverhältnisse mit ihrem Mann Hermann, der zunächst genau so angetan von Landschaft und Leuten war, ließ keine trüben Gedanken aufkommen. Mia schlenderte durch das Dorf und machte Aufnahmen von ihrem neuen Lebensumfeld. Die Fotoplatten entwickelte sie während ihrer regelmäßigen Aufenthalte im Basler Atelier, wo ihre Schwester Tuccia die Stellung hielt. Dies war ihre Nabelschnur zu ihrem früheren, eigenständigen Leben, doch einem Broterwerb ging sie nun nicht mehr nach.

oben In ihrem Zimmer schrieb Mia zahlreiche Briefe, die Auskunft über ihr Leben geben.

Diese Aufgabe lag nun allein bei ihrem Mann. Der erstgeborene Sohn Bruno, über den Mia Hesse sich freute, forderte ganz ihre mütterliche Fürsorge. Zunehmend diente ihr das Kind als Fotomotiv, auch hier eine weitere Annäherung an das traditionelle Rollenbild.

Als das Ehepaar Hesse das eigene Haus auf einer Anhöhe oberhalb von Gaienhofen plante, schien sich die aufkeimende Krisensituation noch einmal zu stabilisieren. Die Abkehr von der großen Einfachheit des gemieteten Häuschens ohne fließendes Wasser und mit Plumpsklo war auch die Abkehr von den gemeinsamen Idealen. Mit der aufwendigen Landhausvilla, die mit so viel Komfort wie möglich entstand, rückte etwas ganz Neues in den Fokus: das sichere und dauerhafte Verwurzeln. Sowohl Hermann als auch Mia fanden diesen Schritt richtig: Beide entschieden sich aktiv für ein komfortables Leben hier in Gaienhofen. Die Fürsorge für ihren Mann nimmt allerdings während der Planungs- und Bauzeit immer groteskere Züge an. Während Hermann die leidige und unruhige Bauzeit für sich mit einer Kur auf dem Monte Verità abkürzt, beweist Mia erneut ihr Organisationstalent: Sie ist es, die das zinslose Darlehen für den größten Teil der Bausumme von ihrem Vater beschafft, sie ist es, die das Landhaus zusammen mit ihrem angeheirateten Verwandten, dem Architekten Hans Hindermann, ganz nach ihren Vorstellungen plant. Allein schon die sinnreich ausgebauten Nischen und Putzkämmerchen unter den Treppen verraten, dass hier eine Frau ihre Hand im Spiel hatte. Nur die Planung seines Arbeitszimmers lag in Hesses Obhut, das überließ er niemand anderem.

Die mitten in die arbeitsreiche Bauphase 1907 platzende Nachricht über Tuccias bevorstehende Hochzeit in Basel und ihren Wegzug nach Amerika führte zu Mias Entschluss, das Basler Atelier in das neue Gaienhofener Haus zu verlegen. In Windeseile wurden die Hauspläne noch einmal geändert: Aus Mias einfachem, kleinem Zimmer sollte nun ein Lichtraum werden, der alle Möglichkeiten für die Tageslichtfotografie bieten sollte: Morgensonne durch Fenster gen Osten, ein großes Südfenster, ein Abendlichtfenster gen Westen. Der Bau war schon so weit fortgeschritten, dass sich diese Wünsche nur durch einen kurzerhand in die Fassade eingesetzten Erker verwirklichen ließen. Und im Keller wurde der kleine, lichtlose Raum als Dunkelkammer abgeteilt. Hermann legte seiner Mia keine Steine in den Weg, wie konnte er auch, schließlich wurde das Haus größtenteils von ihrem Vater finanziert.

♦

Welche Visionen begleiteten das junge Paar beim Einzug? Ab September 1907 bezog man frohgemut das neue Haus. Während Hermann oben in seinem Arbeitszimmer den Schreibtisch rückte, um den besten Platz für das Verfassen seiner Texte zu finden, richtete sich Mia ihr Fotoatelier ein. Eine lange Stange mit einem dichten schwarzen Vorhang musste her, um die Stärke des Tageslichts für die Aufnahmen steuern zu können. Ein Stuhl für die Kundschaft, einer von denen, die Hans Hindermann für das Haus entworfen hatte, fand ebenso einen Platz wie das kleine Tischchen, das sie aus Basel mitgebracht hatte und das ich später auf der Fotografie im Museum und einer anderen Porträtaufnahme noch aus der Baseler Zeit sehen konnte. Ihre Kundschaft konnte kommen.

Doch die Realität entwickelte sich anders. Das zweite Kind Heiner wurde 1909 geboren und Hermann Hesse notierte, dass er in jenem Jahr beinahe fünf Monate von zu Hause fort gewesen war. Er suchte immer öfter woanders Zerstreuung und Anregung, besuchte regelmäßig Kureinrichtungen, ging auf Lesereisen. Mia musste mit einer zunehmenden Einsamkeit zurechtkommen, eine der härtesten Proben, der sie ausgesetzt war. Denn sie war ein Mensch des Austauschs, dringend auf Kommunikation angewiesen. Sie hatte gedacht, dass das Leben in der Fremde machbar sei, wenn sie nur einander hätten. Doch genau das war nicht der Fall. Ihr Mann, der Eigenbrötler, der sich lieber inneren Prozessen hingab, um sie dann als Prosa und Lyrik zu Papier zu bringen, konnte die Bedürfnisse seiner Frau nicht nähren. Er war überfordert und es ist vorstellbar, dass ihn Mias Wunsch nach Nähe geradezu ängstigte und in die Flucht trieb.

Die zunehmende Distanz, die Hermann Hesse zu seiner Frau aufbaute, wäre sicher erträglich gewesen, wenn Mia sich durch ihren Beruf hätte stabilisieren können. Das fotografische Atelier im eigenen Hause hätte eine gute Möglichkeit sein können, um in Kontakt mit anderen Menschen zu kommen und die innere Balance zu erhalten. Doch Mia hatte die Bevölkerung im abgelegensten Winkel Deutschlands völlig falsch eingeschätzt: Die moderne Sichtweise der Kunstfotografie, die Mia beherrschte, überforderte das Gaienhofener Völkchen. Nicht das Gestellte, Gestelzte war das Ziel der Reformzeit, sondern das Natürliche. Tageslicht statt Kunstlicht – deshalb ja der Erker. Authentizität statt Pose, ehrliche Falten statt perfekter Retusche. Doch niemand aus der Gegend wollte sich in diesem Stil der neuen Zeit porträtieren lassen, niemand wollte sich mit Arbeitsschürze und abgearbeiteten Händen von Mia ablichten lassen. Man wollte das Althergebrachte und im Sonntagskleid vor Pappmachésäulen posieren.

Ernüchtert baute Mia Hesse ihr Atelier ab und verwandelte das Zimmer in ihren persönlichen Schlafraum. So war sie in der Nähe der Kinder und der Küche im Erdgeschoss und ihr Mann konnte ungestört oben im Haus arbeiten und schlafen. Schon Bertolt Brecht formulierte, dass das Nicht-gesehen-Werden zum eigentlichen Elend eines Menschenlebens gehört.

rechts Das ungewöhnliche und schöne Atelierfenster im geschwungenen Erker ist nach Süden ausgerichtet.

So schließt sich der Kreis. Die Baupläne, auf die ich bei der Instandsetzung des Hauses gestoßen war, und die Briefe, Berichte und Erzählungen über Mia schildern eine konsistente Geschichte zunehmender Hoffnungslosigkeit. Im Hausbau manifestierte sich die Entwicklung, die aus dem Idealismus der ersten Jahre ein Tretmühlen-Dasein machte, in dem es zunehmend um den brillanten Ehemann ging, in dessen Schatten sich Mia bis zur Unkenntlichkeit aufzulösen schien.

Alle Details dieser Geschichte mussten mühsam zusammengeführt werden. Niemand, am allerwenigsten Mia, hatte sich je die Mühe gemacht, ihre Gedanken und Überlegungen zu erhalten, geschweige denn ihren Beitrag in den ersten Schriftstellerjahren ihres Mannes zu beleuchten. Nichts Schriftliches hat Mia hinterlassen, das Rückschlüsse zugelassen hätte, wie sie mit dem Zerplatzen ihres Traums umging. Ob sie sich jemals beklagt hat über das Wegrutschen der eigenen Kreativität und das Hineingleiten in die Rolle der Dienenden? Über den immer größer werdenden Graben zwischen ihr und ihrem Mann Hermann? Über den Eindruck ihrer Bedeutungslosigkeit? Es gab keine Kontakte im Dorf, keinen Weg, ihre Profession zu entfalten, die Herkunftsfamilie war weit weg, Arbeit ohne Ende. Und immer nur Rücksichtnahme. Die Psychologie weiß längst, was in solchen Lebenssituationen oft die Folge ist: Eine Depression bahnt sich ihren Weg. Auch in diesem Haus begann sie bereits in die Seele zu träufeln.

Innerhalb von fünf Jahren war aus einer tatkräftigen, energischen und selbstsicheren Frau voller Hoffnung und Zuversicht eine vereinsamte, überarbeitete Frau mit düsterer Stimmung geworden. Mia verblühte wie eine Blume in Hesses Garten. Da konnten Schönheit und Komfort des Hauses nicht gegenhalten. Das gefangene Zimmer im Erdgeschoss des Hauses ist ein tragisches Symbol für Mia, die darin lebte und litt. Auch später blieb es ein »Zimmer d. Frau«. Lenore Waentig nutzte den Raum für sich als Schlafzimmer – und starb sogar darin, wie ich später erfuhr.

Tatsächlich hat dieser Raum bis heute eine gewisse Schwere konserviert. Mias Zimmer erstrahlt zwar jetzt wieder in der ursprünglichen lindgrünen Farbe und die opulenten Erkerfenster erlauben einen der schönsten Blicke über den See. Der Regisseur Florian Henckel von Donnersmarck bekannte einmal in einem Interview, dass seiner Erfahrung nach Orte Erinnerungen abspeichern und Gefühle, die dort gelebt wurden, sich in den Mauern noch erhalten. Davon bin auch ich überzeugt. Manchmal gehe ich hinunter in Mia Hesses Zimmer, spüre der Einsamkeit nach, die irgendwie in die Wände gesickert ist. Ich fühle aber auch das Glück der ersten Jahre und die Verheißung eines erfüllten Lebens. Doch die vorherrschende Stimmung, die mich in diesem Raum befällt, ist die der Stagnation, des Gefangenseins.

Ich bin zur größten Fürsprecherin von Mia Hesse geworden. Das ist auch der Grund, warum dieses Haus seit 2019 Mia- und Hermann-Hesse-Haus heißt. Um gegen das Graue, Niederziehende und Lähmende ins Feld zu ziehen, das Mia Hesse erlebt haben muss, achte ich bei meinen Hausführungen darauf, dass ihre starke Seite sichtbar wird, nicht nur ihre später aufgetretene mentale Schwäche, die jahrzehntelang einseitig vermittelt wurde. Mit dem Erkerzimmer im Erdgeschoss sind auch Hoffnungen, Tatkraft und außerordentliche Befähigungen verbunden. Wer weiß, vielleicht ändert sich mit der Zeit die Ausstrahlung dieses Zimmers und es wird wieder zu dem Raum, als der es einmal geplant gewesen war: ein Ort zur Selbstverwirklichung, voller Licht und Aufbruchstimmung. Ein Ort für eine Frau, die ihrem Mann ebenbürtig ist.

♦

REFORMERZIEHUNG IM GRÜNEN

Das Kinderzimmer

♦

»Die Kinder sind wohl und machen viel Lärm. Heinerli spricht schon ein wenig und ist arg drollig, Butzi ist viel unartig und fängt nun so allmählich das Lügen an. Neulich warf er dem Kleinen einen Stein an den Kopf, der eine feste Beule gab, und behauptete nachher, der Wind habe den Stein so geblasen. Ich sehe das mit Verwunderung und fühle meine Unfähigkeit zum Erzieher sehr, neige aber nicht zum vielen Strafen und Einschüchtern. (...) Jedenfalls halte ich ein zu frühes Brechen der Unbefangenheit für falsch, obwohl ich freilich gern einen bräveren Sohn besäße.«

Hermann Hesse, Brief an seinen Vater Johannes Hesse, 16.11.1910

Jahre ohne Widerhall

Seite 92 Das lichte Kinderzimmer für die Söhne Bruno und Heiner, wie der Raum der Mutter ebenfalls in Grün gehalten.

rechts Dachbodenfund: die Teddybären von Bruno und Heiner neben handgearbeitetem Spielzeug aus der damaligen Zeit.

Noch vor dem Betreten des Kinderzimmers wartet dieses mit einer architektonischen Überraschung auf: Es liegt nicht ebenerdig zum Flur, sondern man erreicht es über die ersten zwei Stufen der Treppe, die vom Eingangsbereich in das Obergeschoss führt. Dort erst, ein wenig über Erdgeschoss-Niveau, öffnet sich von einem Podest die Tür in den Raum. Zunächst hatte ich diese merkwürdige Erhöhung des Zimmers als eine nette Idee abgetan, doch je mehr ich über die Reformzeit um 1900 lernte, desto überzeugter war ich, dass diese Bauweise eine sehr bewusste Entscheidung gewesen sein muss. Sie ist ein Zeichen dafür, dass sich damals auch die Beziehung zum Kind völlig neu gestaltete.

Ein eigenes Kinderzimmer war erst ab 1800 im Großbürgertum in Mode gekommen. Es waren aber nicht nur die Gepflogenheiten der Kreise, aus denen Mia Hesse stammte, die sie und ihren Mann dazu bewogen, für ihren vorhandenen und den noch geplanten Nachwuchs ein sehr schönes und geräumiges Zimmer im neuen Haus bauen zu lassen. Die Reformzeit hatte zu einer weiteren Veränderung der Ansprüche derjenigen geführt, die der neuen Zeit zugewandt waren. Es galt, das Kind zu fördern, statt es nur zu nähren und zu behüten. So wie die Erwachsenen sollten nun auch die Kinder über einen möglichst hellen und auf ihre Bedürfnisse zugeschnittenen Raum verfügen, der umsichtig geplant, gebaut und ausgestattet wurde. Dass ihnen eigene Erlebnisräume zugebilligt wurden, war eine kleine Revolution. Dieser Reformströmung folgte auch das Ehepaar Hesse. Sie waren sich einig, auf ihre Kinder so wenig Zwang wie möglich ausüben zu wollen. Hermann Hesse wusste zwar mit der Anthroposophie Rudolf Steiners nicht viel anzufangen, doch der Idee der Reform-Erziehung konnte er sich anschließen – allerdings nur insoweit, als die Bedürfnisse seiner Kinder seine persönliche Freiheit nicht einschränkten.

Die neue Zugewandtheit der Eltern zu ihren Kindern unterschied sich sehr von dem, was sowohl Mia als insbesondere auch Hermann Hesse noch am eigenen Leib hatten erfahren müssen. Über die Kindheit Mias ist nur wenig bekannt. In dem von ihr begonnenen, aber nie beendeten Lebensbericht erzählt sie zwar kurz von ihrem gütigen Elternhaus, aber auch ganz selbstverständlich davon, dass ihre Brüder bei Vergehen geschlagen wurden. Hermann hatte als Kind aufgrund seines als widerspenstig angesehenen Naturells einen besonders schweren Stand. Seine Mutter Marie Hesse beschrieb ihn als »unbeschreiblich intelligent, dabei leidet er an großer Heftigkeit«[15]. Diese Heftigkeit des eigenen Willens versuchten die Eltern mit Zucht zu brechen, Hermann sollte sich unterordnen, mit allen Mitteln »zur Vernunft« gebracht werden und so wie die Eltern ein gottgefälliges Leben führen – nach der pietistischen Vorstellung stand das Wort Gottes über allem, auch über den eigenen Wünschen. Doch der kleine Hermann ließ sich nicht brechen: »Ich brauchte nur das ›Du sollst‹ hören, so wendete sich alles in mir um und ich wurde verstockt.«[16]

Heiner Hesses Teddybär „Thermos".
Die Bekleidung wurde von Bruno genäht, ähnlich aufwendig wie für seinen eigenen Teddy „Sintis".

Heutzutage würde man das hyperaktive und unangepasste Verhalten des Kindes Hermann wohl als ADHS einstufen und ihm eine entsprechende Förderung angedeihen lassen. Seine verzweifelten Eltern taten jedoch das, was vor der Reformzeit noch als Erziehungsziel galt: Jede individuelle Entfaltung eines Kindes musste unterdrückt werden, um es zu einem gehorsamen Befehlsempfänger werden zu lassen. Unter diesem Erziehungsstil litt das Kind Hermann sehr, er führte später – sicher nicht ganz unberechtigt – seine Beziehungsschwierigkeiten und Depressionen auf seine von Rigidität geprägte Kindheit zurück. Die Reformzeit, in der die Bedürfnisse von Erwachsenen und Kindern als gleichwertig angesehen wurden und die harsche Erziehungsmethode der Unterwerfung durch die Hinwendung zum Kind ersetzt wurde, kam für ihn zu spät.

♦

Wie kein anderer Raum im Haus spiegelt das Kinderzimmer mit einer Fülle von Details den umfassenden Anspruch des neuen Zeitgeists wider. Mit zwanzig Quadratmetern ist das Zimmer groß. Sein quadratischer Grundriss macht es wohnlich, und obwohl eines der beiden Fenster nach Norden ausgerichtet ist, ist es der hellste Raum im Erdgeschoss. Die beiden Stufen vor ihm haben zur Folge, dass sein Fußboden im Vergleich zu den anderen Räumen des Erdgeschosses erhöht ist – ein geschickter Kunstgriff, denn so bleibt von außen betrachtet das harmonische Gesamtbild einer Fassade mit auf gleicher Höhe eingelassenen Fenstern erhalten, und gleichzeitig wird innen der Abstand zwischen Boden und den Fensterbrettern gering genug, dass auch kleinere Kinder bequem aus dem Fenster schauen und den damals noch ungehindert über den See gehenden Blick genießen konnten. Der Sonnenaufgang hinter der Insel Reichenau muss eine atemberaubende Aussicht geboten haben.

Was für ein unerhörter Aufwand! Und was für ein Unterschied zu den Wohnbedingungen der Kinder jener Zeit unten im Dorf! So wie fast überall auf dem Lande schliefen die Kleinkinder im elterlichen Schlafzimmer – unvorstellbar für Hermann Hesse, der einen höchst volatilen Schlaf hatte und, je älter er wurde, überhaupt keinen Nebenschläfer mehr bei sich duldete. Größere Kinder teilten sich zu mehreren eine kleine Schlafkammer. In ihren Betten hätten auch Erwachsene eine erholsame Nacht verbringen können, denn bis auf die traditionelle Wiege für Neugeborene gab es keine speziellen Kindermöbel. Auch sonst wurde nicht viel Aufhebens gemacht. Kinder spielten, wenn sie nicht draußen in Hof und Garten waren, in der Küche oder am Treppenpfosten angebunden im Flur.

Im Hesse-Haus stand alles bereit, um den Kindern eine unbeschwerte Kindheit zu schenken. Die hölzernen Fensterbänke des Kinderzimmers waren besonders breit ausgelegt und zum Spielen geeignet. Wahrscheinlich saßen die Kinder beim Spielen nicht an den Fensterbänken, sondern standen davor, denn die Flügeltüren der eingebauten Unterschränke – einer von ihnen ist heute noch erhalten – hätten sich nicht mehr öffnen lassen, wenn eine Bank dort gestanden hätte. Über die weitere Ausstattung des Raums ist leider nichts mehr bekannt.

Nicht nur im Haus sollten die Kinder gestärkt werden, auch der Natur wurde ein gesunder Wert und eine erziehende Kraft zugesprochen. In einer Zeit, in der vielerorts Landschulheime mit Gärten und Tierhaltung errichtet wurden, waren offenbar auch die Hesse-Kinder viel draußen an der frischen Luft unterwegs. Als Zeitzeugen dienen wieder einmal Mias Fotografien, die einige Momente aus dem Leben der Kinder festgehalten haben. Sie spielen mit den jungen Katzen des Hauses, pflücken in einer Wiese Blumen oder »dreckeln« in einem Sandhaufen am Gartentor. Die beiden Großen sind auch beim Heuen dabei, in den Gaienhofener Bauern, die das trockene Gras auf der Wiese vor dem Haus aufluden, sah Mias geschultes Auge ein schönes Motiv. Begleitet von Mutter und Hausmädchen wanderten die Kinder viel, fuhren im Winter Schlitten oder gingen im Sommer im See baden. Der Vater Hermann war, wenn es seine Zeit erlaubte, eher für Aktivitäten im Garten zu haben. Auf einer der erhalten gebliebenen Aufnahmen steht Bruno mit seinem Kinderspaten neben seinem Vater und versucht es ihm beim Umgraben gleich zu tun. Beim Kastanienrösten im offenen Feuer waren die Kinder ebenfalls dabei. Anders als die Bauernsöhne und -töchter hier im Dorf und anderswo, die schon früh an Pflichten herangeführt wurden, etwa zum Schafehüten und Hühnerfüttern, durften sich die Hesse-Kinder frei entfalten und einfach Kind sein.

♦

Im Bauplan ist der Raum nicht als Kinderzimmer ausgewiesen, sondern als Schlafzimmer. Dass er dennoch von Anfang an für die Kinder geplant und genutzt worden sein muss, lässt sich nicht nur an den niedrigen Fensterhöhen und den breiten Fensterbänken ablesen. Nachdem im Erdgeschoss Küche, Stube und Mias Zimmer ihre Funktion gefunden hatten, bot er als einziger Raum im Haus den nötigen Abstand zum ruhebedürftigen Vater im Obergeschoss. Trotz der beiden Stufen ist das Zimmer dem Erdgeschoss und damit dem Wirkungskreis der Mutter zugeordnet. Denn Mia nutzte schon bald nach dem Einzug ihr ehemaliges Fotoatelier als persönliches Schlafzimmer; solange die Kinder klein waren und nachts nicht durchschliefen, war es für sie nur ein kurzer Weg zu ihnen.

links Das auffällige Emblem an der Kinderzimmerwand ist vermutlich ein Handwerkerzeichen der Maler mit der Auftragsnummer 1897.

Bruno, geboren 1904, als das Paar noch im Bauernhaus unten im Dorf wohnte, war beim Einzug in das neue Haus bereits drei Jahre alt, Heiner kam 1909 zur Welt. Weil Mia Wert darauf legte, dass ihre Kinder die Schweizer Staatsangehörigkeit haben sollten, begab sie sich jeweils rechtzeitig in ihre Heimat, Bruno wurde in Zürich geboren und Heiner im familiären Umfeld in Basel. Nur für den dritten Sohn, der auf Wunsch des Vaters Martin genannt wurde, wurde Gaienhofen 1911 zum Geburtsort. Er hatte es eilig und es kam zu einer ungeplanten Entbindung im Haus, der Singener Hausarzt Dr. Huck hatte Mühe, rechtzeitig zum Ort des Geschehens zu gelangen. Martin kam nicht mehr in den Genuss des schönen Kinderzimmers, er blieb als Stillkind bei der Mutter, zumal er kränkelte und ständig überwacht werden musste. Noch bevor er ein Jahr alt war, verließ Familie Hesse das Gaienhofener Haus in Richtung Bern. Nur die beiden älteren Söhne bewohnten also das sorgfältig geplante Kinderzimmer. Wie mag es ihnen dort gegangen sein? Und womit beschäftigten sie sich, wenn sie nicht draußen spielten?

Da waren zum Beispiel die Kinderbücher von Hesses Freund Ernst Kreidolf, die voller Poesie Blumen, Tiere und Jahreszeiten darstellten und fantastische Geschichten dazu erzählten. Bisweilen gab es abends mit dem Vater Worträtsel und Ratespiele in der Bibliothek, wie Bruno später zu berichten wusste. Eine zentrale Rolle nahmen für Bruno und Heiner ihre beiden Teddybären ein. Auf mehreren Aufnahmen Mias sind diese Kumpane der Kindheit und unersetzliche Teilnehmer an Rollenspielen zu sehen. Der Vater notierte in seinem Tagebuch, dass insbesondere Bruno, der seinen Teddybären »Sintis« nannte, eine sehr enge Bindung zu diesem Spielzeug hatte. Auch als Erwachsener mochte sich Bruno nicht von seinem und Heiners Gefährten trennen. Er verstaute beide Bären sorgfältig in einer Schuhschachtel und verwahrte sie auf dem Dachboden seines Hauses. Nach seinem Tod wurde sie bei der Räumung gefunden, Brunos Sohn Simon ließ die Schachtel samt Inhalt wieder ins Gaienhofener Haus zurückkehren.

So kommt es, dass die Teddys bis heute erhalten sind – samt ihrer reichen Ausstattung. Denn die Schuhschachtel barg noch weitere Schätze, darunter von Mutter Mia genähte Anzüge für die Bären. Sie wird auch die leeren Safrandosen aus der Küche beigesteuert haben, in denen winzige geschnitzte Holzstecken und andere Dinge sicher aufbewahrt wurden. Im Konvolut gibt es ein Gewehr aus Holunderstecken mit geschnitztem Griff und anderes mehr. Manches, wie die Fahne mit dem Berner Bär, wurde offenbar später ergänzt, nach der Gaienhofener Zeit. Erhalten sind auch zwei kleine handgefertigte Schweizer Offiziersmessern nachempfundene Messer mit winzigen, kunstvoll aus Blechresten gefertigten Klingen, eins mit einem winzigen gezahnten Sägeblatt, alles einklappbar in einen Bambusgriff. Welche Sorgfalt und Handfertigkeit sind da ablesbar! War es der durch seine Zeit als junger Uhrmacherlehrling bei Perrot in Calw handwerklich geschulte Vater, der seine Geschicklichkeit für die Kinder anwendete? An dem erhalten gebliebenen Spielzeug wird der Anspruch deutlich, mit verfügbaren Materialien aus Haus und Natur etwas mit den Händen zu schaffen. Gekauftes Spielzeug fand keine Gnade vor den Augen Hermann Hesses. Er missbilligte es, als einmal auf dem weihnachtlichen Gabentisch der Kinder ein fertig gekauftes Blechspielzeug stand, eine Eisenbahn als Abbild der technisierten Zeit.

Heute bestaunen die Besucher des Hesse-Hauses voller Andacht diese Spielsachen, wie aus der Zeit gefallen befinden sie sich in einer gut gesicherten Vitrine im Kinderzimmer, genau dort, wo sie den beiden älteren Söhnen vor über hundert Jahren die Zeit vertrieben haben.

Die Hauptlast der Erziehung und Versorgung der Kinder lag bei Mia, das entsprach trotz aller freiheitlichen Erziehungsideen dem damals noch immer vorherrschenden Rollenmuster. Bruno wird von ihr als liebenswürdiges, ruhiges und freundliches Kind beschrieben. Wie sehr sie ihren Erstgeborenen liebte, drückt sich darin aus, dass sie ein Bruno-Büchlein mit seinen originellsten Aussprüchen anlegte. Mit dem wilden, ungestümen Charakter von Heiner, dessen Naturell offenbar eher dem des Vaters entsprach, hatte Mia dagegen bisweilen Mühe. Daneben bereitete ihr der kleine Martin aufgrund seines labilen Gesundheitszustands erhebliche Sorgen.

Solange die Kinder pflegeleicht in Hermann Hesses Alltag integrierbar waren, ging alles gut. Zerrte der Lärm, den Kinder nun mal machen, an seinen empfindlichen Nerven, blieb ihm die Flucht auf eine Wanderung, in den Garten oder mit dem Boot auf den See. Es dauerte nicht lang und die Fluchten gingen in weitere Fernen. Hesse notierte, dass er im Jahr 1909 – dem Geburtsjahr von Heiner – fünf Monate fort von zu Hause war, auf Lesereisen, zur Kur oder anderswo. Man kann nur ahnen, wie allein und bisweilen überfordert sich Mia gefühlt haben muss. In ihren Briefen finden sich Zeugnisse ihrer Verlassenheit, aber auch Stellen, die sich als subtile Druckmittel einer alleinerziehenden Mutter interpretieren lassen. Einmal schildert Mia ihrem Mann, dass Heiner ihn oft oben im Studierzimmer gesucht habe, »(…) wo ich ihn jedes Mal auf's Neue von Deiner Abwesenheit überzeugen muss. Dann kehrt er ganz betreten um!«[17]

Für Bruno als Ältesten muss die zunehmende Spannung zwischen Hermann und Mia spürbar gewesen sein. Auch die Überlegungen, Bruno endlich auf eine passende Schule zu schicken, dürften schließlich zur Abkehr von der Gaienhofener Sesshaftigkeit beigetragen haben. Bis zum achten Lebensjahr hatte er keine Lehranstalt von innen gesehen, damals keine Seltenheit, denn mit der allgemeinen Schulpflicht wurde es erst ab 1919 in Deutschland ernst. Erst nach dem Umzug nach Bern wurde Bruno eingeschult. Vielleicht hatte die Entscheidung, Bruno in Gaienhofen nicht zur Schule zu schicken, mit den damals noch allgemein gepflegten brachialen Lehrmethoden zu tun, die Familie Hesse entschieden ablehnte. Auch der Gaienhofener Lehrer wird mit der gefürchteten Waffe seines Standes, dem Rohrstock, schmerzhafte Tatzen verteilt haben, wenn es einem Zögling an Disziplin und Respekt mangelte.

♦

oben Sohn Heiner mit Wiesenblumen in Gaienhofen, aufgenommen von Mia Hesse.

links Bücher waren auch für die Kinder der Familie Hesse sehr wichtig.

rechts Heiner, Bruno und Martin Hesse vor dem Haus, um 1911 (von links nach rechts).

Das Farbkonzept des Hauses – innen wie außen – entsprach ganz der neuen Lebensform. Nie werde ich vergessen, wie ich erschüttert in meinem Lieblingssessel zusammensank, als die Restauratorin mit ihrem Skalpell an der Fassade des Erdgeschosses unter den neueren Anstrichen ein Rosa als ursprüngliche Wandfarbe herausgekratzt und mir das Ergebnis mitgeteilt hatte. Hesse und ein rosafarbenes Haus? Das konnte doch nicht sein! Doch der Befund war eindeutig: Der Erstanstrich war rosa. Auch die Schindeln des Obergeschosses bargen eine Überraschung: Es fanden sich in unzugänglichen Rissen und Spalten noch winzige Reste der Farbe, mit der das Holz zu Zeiten des Erstbezugs angestrichen worden war: ein sanftes Graugrün. Zusammen mit dem grauen Molasse-Sandstein des Fundaments ergaben diese Farbtöne einen seltsamen Dreiklang. Ich hatte geplant, die Originalfarben wieder zu verwenden, doch nun wurde ich in meinem Entschluss wankend: Wollte ich wirklich ein Haus in diesen ungewöhnlichen Farben? Im früher vergleichsweise armen Landstrich waren die Fachwerkbalken der hiesigen Bauernhäuser meist mit schwarzbraunem Holzteer gestrichen worden, der Putz der Gefache aus Kostengründen bestenfalls erdfarben geschlämmt. Wie passte diese Farbkombination, die ich zunächst als unangenehm einordnete, nur in die Reformzeit?

Niemals hätte man damals einem Gebäude einen auffallend fremden Anstrich verpasst. Man hätte sich zweifellos der von der Natur angebotenen Farbpalette der Umgebung bedient, sich im Fall des Hesse-Hauses also an den Steinen, dem See und den Wiesen und Äckern vor Ort orientiert. Erst auf den zweiten Blick verstand ich, dass genau dies geschehen war. Denn Rosa ist nicht gleich Rosa, im Falle des Hesse-Hauses handelt es sich um ein mattes, milchig-mildes Morgenhimmel-Rosa. Und auch das graue Blaugrün fand seine Entsprechung in der Umgebung: Wer sommers auf den Bodensee schaut, sieht diesen eigentümlichen Ton des Seewassers, hervorgerufen durch das einfließende Gletscherwasser. Dieser Farbton wird auch »Gundelegrün« genannt, weil die hiesigen Fischer ihre Boote, die Gundeln, in der Farbe des Wassers strichen; der schlaue Fisch sah das Boot dann nicht so gut. So wird der sommerliche See hier am Haus gespiegelt durch die Fassadenfarbe im gleichen Farbton. Auch das warme Grau des Molasse-Sandsteins ist überall in der Umgebung zu finden. Zusammengefügt ergeben diese Farben ein harmonisches, doch heutzutage ungewöhnliches Bild, perfekt eingepasst in die Umgebung.

Als das Haus hier auf der Höhe zum ersten Mal in seinen Farben erstrahlte, war das Farbbild so fremd für die Einheimischen, dass man sich über das »bunte Huus« mokierte. Gute hundert Jahre später, als ich die Originalfarbtöne am Haus wieder anbringen ließ, war es nicht anders. Die Kommentare der Passanten reichten von »unmöglich« bis »abscheulich«. Wenn ich allerdings die Chance hatte, den Farbkanon zu erläutern, ging ein Leuchten über die Gesichter. Bis heute haben die Farben des Hauses einen nicht unerheblichen Anteil daran, dass es sich harmonisch in die Landschaft einfügt. Schaue ich von der Schweizer Seite hinüber nach Gaienhofen, springen mir zahllose Häuserwürfel in Weiß, der Nichtfarbe, die keine Entscheidung verlangt, ins Auge. Das Hesse-Haus vermag ich dagegen dank seiner Farben kaum zwischen den hochstehenden Bäumen zu entdecken, so gut ist es in die Landschaft eingebettet. Es ist ein Teil von ihr geworden.

Auch die Farben im Inneren des Hauses ließen sich anhand winzigster Farbreste rekonstruieren, die sich in den Ritzen zwischen Wand und Türrahmen erhalten hatten. So wie ein Archäologe sich durch die verschiedenen Ablagerungen gräbt, entfernte ich im Kinderzimmer mühsam die Tapetenschichten mehrerer Jahrzehnte und stieß schließlich auf die ursprüngliche Wandfarbe. Auch in dieser Wahl war der Gestaltungswille der Reformzeit abzulesen. Die Wände waren ursprünglich nicht preisgünstig gekälkt, so wie es in der Umgebung üblich war, sondern mit einem Öl-Farbanstrich in einem ungewöhnlich warmen, zarten Hellgrün dekoriert. Die Bemalung endete mit einer sauberen Kante knapp unter der Kehle, die von der Zimmerdecke die Verbindung zur Wand schafft. Genau dieser Farbton, diesmal als lichte Lasur aus Naturfarbpigmenten aufgebracht, unterstreicht heute wieder die Helligkeit des Raums.

♦

Beim Umgang mit diesem Haus habe ich immer wieder feststellen dürfen, dass nichts dem Zufall überlassen worden war, also musste es auch mit den hier verwendeten Farben eine Bewandtnis haben. Die psychologische Wirkung der Farben auf den Menschen hatte schon Goethe, rund hundert Jahre vor der Reformzeit, in seiner *Farbenlehre* aufgegriffen. Er hatte die Farben ästhetisch systematisiert und ihnen bestimmte Effekte auf den Menschen zugeordnet; die einen bezeichnete er als »lebhaft« oder auch »strebend«, andere verband er mit Begriffen wie »Kraft«, »Beraubung« oder »schöpferische Unruhe«. Diese Ausführungen kannte sicher auch Hesse, der sich intensiv mit dem Schriftwerk und den Erkenntnissen des von ihm verehrten Multigenies auseinandergesetzt hat. Auch in seinem Garten hat er klar erkennbar verschiedene Ideen Goethes übernommen, darunter die Malvenallee und das Sammeln von Dahlien. Mit Sicherheit hatte auch Hans Hindermann in seinem Architekturstudium Kenntnisse zum Umgang mit Farben erlangt.

Bei meinen Recherchen stieß ich auf die *Polychromie architecturale* des Architekten Le Corbusier, veröffentlicht im Jahr 1931. Seine Palette umfasst 63 Farbtöne, die er für die Innen- und Außengestaltung von Gebäuden zusammengestellt hat, alle harmonisch und passend aufeinander abgestimmt. Sie erinnern auffallend an die sanften, pastelligen Farben, warm und weich, die zwei Jahrzehnte zuvor im Haus der Familie Hesse in Gaienhofen verwendet worden waren. Auch Le Corbusier ging es vor allem um die Stimmungen, die die Farben erzeugen können.

Was bedeutete also das Grün an den Kinderzimmerwänden und den Wänden von Mias Zimmer, die in demselben Farbton gehalten waren? Goethe maß dem zartgrünen Farbton Eigenschaften zu, die Verstand mit Sinnlichkeit paaren. In der Farbenlehre ist Grün die Farbe der Natur, es strahlt Natürlichkeit, Ruhe und Regeneration aus. Wie passend für ein Kinderzimmer!

Angefeuert von diesen Erkenntnissen machte ich mich daran, die weiteren Farbtöne im Haus zu entschlüsseln, fast jedes Zimmer war ja in einem individuellen Farbton gestrichen. Endlich wurde klar, dass die tiefblaue Nachtfarbe, die Hesses Schlafzimmertür im Obergeschoss wie ein Bogen umrahmte, Schlafbereitschaft und Ruhe fördert. Die Farbe der Sonne an den Wänden im Speisezimmer, verbunden mit Attributen wie Leuchtkraft und Optimismus, stand in wohltuendem Kontrast zur Dunkelheit des Raumes. Dass die Küchenschränke und -türen in einem türkisfarbenen Ton gestrichen waren, verdankte sich allerdings nicht allein einer Farblehre, sondern der Tatsache, dass Mia offenbar diesen Grünton schätzte.

Bei der Freilegung der ursprünglichen Bemalung im Kinderzimmer stieß ich auf eine Besonderheit: schwungvoll aufgemalte Symbole, unabwischbar mittels Schablonen auf den Putz aufgetragen. Historiker, Denkmalschützer und Experten anderer Fachkreise standen schon sinnierend vor diesen Zeichen und versuchten, sie zu deuten. Mittlerweile weiß ich, dass es sich wohl um die Handwerkerzeichen einer fahrenden Malertruppe handelt. Deutlich lesbar ist »No. 1897«, das könnte die Auftragsnummer sein, unter der in einem Buch die Mischungsverhältnisse der Farben dieses Zimmers nachlesbar waren. So hätte ich einen praktischen Notizzettel auf der Wand gefunden, der immer wieder überstrichen wurde, aber auch jedes Mal wieder freigelegt werden konnte, um nachzulesen, wie die Wandfarbe dieses Zimmers angerührt werden musste. Unter weiteren, ockerfarbenen, nicht mehr deutbaren Symbolen befindet sich ein mit großen Schwüngen in Grün aufgetragenes Zeichen, eine Art Kalligrafie, die an den großen Buchstaben D der deutschen Schrift erinnert. Das Kürzel des Malers, der die Kinderzimmerwände strich? Sein Name ist längst vergessen, doch seine Signatur scheint mir ein bleibendes Zeichen seines Handwerkerstolzes zu sein.

In einem Brief Mias fand ich, dass tatsächlich bisweilen eine fahrende Malertruppe aus dem Elsass einbestellt wurde, die hier regelmäßig die Farben aller Zimmer des Hauses auffrischte. Mir kam es merkwürdig vor, dass damals wohl jedes Jahr die Farben neu aufgetragen wurden, schließlich habe ich in fünfzehn Jahren noch kein einziges Mal nachstreichen lassen müssen. Zu Zeiten der Familie Hesse allerdings setzten die Schwaden der Kachelöfen, die blauen Dunstwolken aus den Brissago-Zigarren des Hausherrn sowie die rußigen Dämpfe der Petroleumlampen den Farben mehr zu als mein gelegentliches Entfachen der Öfen heutzutage.

♦

Je berühmter Hermann Hesse wurde und je weiter er in den Olymp der Einzigartigen rückte, desto schwieriger muss es für die Kinder gewesen sein, neben ihm noch Luft zum Atmen zu finden. Er war wohl auch nicht der liebevolle, zugewandte Vater, wie ihn vor allem kleine Kinder brauchen. Erst in späteren Jahren wurde er zu dem klugen Ratgeber, der an der Entwicklung seiner heranwachsenden Kinder großen Anteil nahm und sich mit ihnen auch dann noch, als sie erwachsen waren, intensiv auseinandersetzte. Dieser Ebene war er weit besser gewachsen als den kindlichen Bedürfnissen nach Nähe und Anwesenheit während der Gaienhofener Zeit.

Das Familienleben der Hesses in Gaienhofen stand also in einem starken Spannungsfeld. Einerseits war da das großzügige, nach neuesten Erkenntnissen und mit modernsten Mitteln erbaute Haus. Mit ihm hatte sich das Ehepaar ein Umfeld geschaffen, welches für sie selbst und für die Kinder die beste Weiterentwicklung ermöglichen sollte: ein Leben auf dem Lande mit seinen natürlichen Anregungen, ein Garten in paradiesischer Üppigkeit, der die Familie ernährte und den Kindern ein ungezwungenes Aufwachsen im Schatten großer Bäume bot, abseits vom Getöse der als ungesund empfundenen Großstadt. Doch gute Wohnverhältnisse führen nicht ohne weiteres Zutun zu einem gelingenden Leben, denn die Menschen tragen ihre ureigensten Vorstellungen, Sorgen, Nöte und Konstitutionen mit ins Haus. So war es auch hier: Nach dem Einzug ging es nun nicht mehr nur um die Ideale der Reformzeit, sondern auch um den ganz banalen Alltag samt divergierenden Erwartungen der Ehepartner. Dazu kam der weiter abflauende Reiz des beschaulichen Dorfes Gaienhofen.

So wie zwei Erdbeben zu Zeiten der Hesses Risse in den sorgsam gebauten Wänden erzeugten, so bildeten sich auch Risse im gemeinsamen Leben von Hermann und Mia. Die Hausfassade ließ sich reparieren, die Beziehung hingegen war nicht zu kitten. Gemeinsam noch zog man 1912 nach Bern, wo die Familie dann 1919 endgültig auseinanderbrach. Nicht nur die Eltern gingen eigene Wege, auch die Kinder wurden getrennt. Der älteste, Bruno, kam nach einem Umweg über einen Erzieher, der im Schwarzwald wohnte, bei dem Maler Cuno Amiet in der Schweiz unter; er bekannte später einmal als Erwachsener in einem Interview, dass er sich – obwohl er beim Auszug aus dem Gaienhofener Haus schon acht Jahre alt war – kaum mehr an diese Zeit erinnern könne. Heiner wuchs nach mehreren Wechseln in einem Schweizer Internat auf und Martin kam bei Familie Ringier am Thuner See unter. Zurück blieb ein Kinderzimmer, das liebevoll und nach allen Regeln der Kunst kindgerecht geplant, gebaut und eingerichtet worden war und es doch nicht vermocht hatte, als Rahmen für bleibende, geschweige denn glückliche Erinnerungen zu dienen.

oben Heuernte auf der Wiese vor dem Haus, die Kinder helfen den Bauersleuten.

DIE MITTE VON ALLEM

Hermann Hesses Arbeitszimmer

♦

»In meinem Arbeitszimmer war eine Bibliothek eingebaut und ein großer Mappenschrank. (…) Besonders üppig und fein hatte ich mir die Heizung meines Studierzimmers ausgedacht: Da stand ein großer grüner Kachelofen, der aber als Dauerbrenner mit Kohlen geheizt werden konnte (…) und im Hause selbst sehe ich mein Studierzimmer und dessen geräumigen Balkon deutlich mit allen Einzelheiten, ich könnte noch von jedem Buch die Stelle nennen, die es einnahm.«

Hermann Hesse, Beim Einzug in ein neues Haus, 1931

Ein Fichtenholzgehäuse als Ort der Kreativität

Seite 104 Hermann Hesses dicht gedrängte Bücherregale mit Vitrine, Mappen- und Unterschränken, heute wie damals.

rechts Vor der überraschend blauen Wand vor Hesses Schlafzimmer öffnet sich links die Tür zum Arbeitszimmer.

Es steht etwas bevor: Erwartungsvoll gehen die Gäste die Treppe hinauf in den ersten Stock des Hauses. Die Stufen knarzen unter ihren zögernden Schritten, ich spüre ihre Anspannung. Weiter oben stockt es, von unten wird nachgeschoben. Im Obergeschoss geht es durch den dämmrigen schmalen Flur. Die Blicke der Besucher überfliegen die an den Wänden hängenden Bilder, die sie aber im Vorbeigehen nicht erfassen können. Es drängt sie weiter zum Licht, das aus der links am Ende des Ganges geöffneten Zimmertür auf selbigen fällt. Die Gruppe strömt nun in den lichten Raum. Heftiges Aufatmen, Seufzen, anerkennende Geräusche, manchmal ist sogar ein leiser Pfiff dabei. Ich betrete als Letzte den Raum, schließe hinter mir die Tür. Da sind wir nun endlich: im Innersten dieses Hauses, dem persönlichsten Ort, den es für diejenigen zu bieten hat, die dem Literaten Hermann Hesse näherkommen möchten. Es ist das einzige der vielen von ihm im Laufe seines Lebens genutzten Studierzimmer, das nach über hundert Jahren so authentisch erhalten ist.

Hermann Hesses Arbeitszimmer ist ein großer Raum, in den bis unter die Decke umlaufende Holzwände fest eingebaut sind, ganz schlicht und scheinbar roh. Die an ihnen gleichmäßig befestigten Regalböden boten Platz für – wie Hesse schrieb – etwa tausend Bücher, von denen er jeden Tag zwei las. Diese Bücherwände beherrschen auch heute noch den Raum, geben ihm seine Funktion. Hesses Arbeitszimmer ist ein warmes Fichtenholz-Gehäuse, das ihm Schutz versprach wie die Tonne dem Diogenes. Dieser Ort hat ihn gehalten und genährt.

Den Besuchern fehlt der Mut herumzugehen. Bewegungslos stehend versuchen sie, die schlichte Schönheit des Raums zu erfassen, sich mit dem Werk des Schriftstellers zu verbinden. Ihr Blick geht rasch rundherum, auch an die Decke, die sich wie ein luftiges weißes Segel über den hölzernen Raum legt. Eine schön gerundete Kehle verbindet sie mit dem Holzwerk der Wände. Drei Fenster erhellen den Raum zu jeder Jahreszeit und Witterung. Zwei noch erhaltene Sprossenfenster zeigen über Eck in Richtung Süden und Osten und spenden außer Licht auch einen weiten Blick auf den See. Diese Fenster tragen die Landschaft in den Raum, sorgen für mentale Anregung, immer schon. Das dritte Fenster ist eigentlich eine Tür. Sie führt zum Balkon: ein großzügiger Austritt hoch über dem Dorf Gaienhofen. Links in der Ferne liegt hinter dem dazugehörigen Seearm Radolfzell, weiter rechts ging der Blick einst zur Insel Reichenau mit ihren drei romanischen Kirchen und weiter nach Konstanz. Heute sind diese Sichtachsen verbaut. Nur der Blick gen Süden über den Untersee bis an die Ufer des Schweizer Kantons Thurgau mit dem Städtchen Steckborn blieb bis heute erhalten. Damals konnte der Dichter, um seine Augen zu entlasten und eine seiner Brissago-Zigarren zu rauchen, hinaustreten und das gesamte Panorama genießen. An der heute noch vorhandenen Kleiderstange an der Hauswand lüfteten

BIBLIOTHECA PALATINA

seine verrauchten Kleider über Nacht aus – gut geschützt vom Dachüberstand.

Schon beim Betreten des Raumes fällt der Unterschied zwischen den beiden Zimmerhälften ins Auge: Zur Linken sind an der Kopfwand und den Seitenwänden die Holzregale über drei Seiten sorgfältig symmetrisch angelegt, die Mitte der Kopfwand bildet eine eingelassene Vitrine, deren zwei verglaste Flügeltüren wie durch ein Wunder die Zeiten überstanden haben. Ich erläutere den erstaunten Gästen, dass diese so umsichtig konstruiert sind, dass die Ablagefläche des darunterliegenden Mappenschranks – eine Art eingelassene Kommode mit drei Schubladen – nicht abgeräumt werden muss, wenn man die Vitrinentür öffnet. Die Besucher nicken anerkennend. Wie gut wäre es, wenn heutige Möbelbauer an solche kleinen Details denken würden!

Hier also, mit Vitrine und Mappenschrank im Rücken und geschützt von den umgebenden Bücherwänden, mit dem Blick auf den See, hat Hesse auf seinem einfachen Lehnstuhl gesessen. In dieser Hälfte des Raumes ist alles symmetrisch und präzise angeordnet. Diese Klarheit um ihn herum gab ihm Halt. Die gegenüberliegende Zimmerhälfte ist dagegen offener gegliedert: links die Fenster, rechts über Eck weitere Regalwände. Der Raum spiegelt also beides: Hesses Vorliebe für das Geordnete und Geradlinige, aber auch seine Kreativität, Dinge außerhalb der Norm wahrzunehmen und zu beschreiben.

Zur Asymmetrie der zweiten Raumhälfte trägt Hesses legendärer Kachelofen mit seinen eigentümlich flaschengrün glänzenden Tellerkacheln bei, stabil an der Wand neben der Eingangstür verankert. Die Brennkammer ist nicht nur mit den damals üblichen Zierelementen wie Kleeblatt-Ornamenten und Flecht-stab versehen, sondern trägt auffallend groß die stolze Namensprägung des Herstellers in Berlin. Dessen Selbstbewusstsein war gerechtfertigt. Noch heute bekommt der Schornsteinfeger glänzende Augen, wenn er den Ofen inspiziert. Öfen mit so gutem Wirkungsgrad gebe es heute nicht mehr, sagt er.

♦

links Diesen Türdrücker hat der Meister unzählige Male geöffnet und geschlossen.

rechts Zwischen Regalen und Fenstern bleibt im Arbeitszimmer nur wenig Platz für Bildnisse.

Glücklich, wer ein veritables Arbeitszimmer sein Eigen nennt! Doch es ist im Laufe der Zeit in aller Stille verloren gegangen. In den Sechzigerjahren war es bereits auf den »Sekretär« zusammengeschrumpft, oft optisch passend zum Wohnzimmermobiliar. Auch dieses sinnreich konstruierte Möbel zum Schreiben und Arbeiten ist mittlerweile verschwunden. Heute sind Arbeitszimmer meist zu Arbeitsecken mutiert, die platzsparend in Wohn- oder Schlafzimmer eingeklemmt werden. Sollte ein echtes Arbeitszimmer vorhanden sein, handelt es sich fast immer um ein ehemaliges Kinderzimmer des ausgeflogenen Nachwuchses. Ein Arbeitszimmer ermöglicht das ungestörte Arbeiten. Wie wunderbar ist es, eine separate Möglichkeit zu haben, sich zu konzentrieren, sich bewusst für die Zeit des Arbeitens in dem dafür vorgesehenen Raum entscheiden zu können, auch mal die Papiere liegen lassen zu können, um sich anderen Dingen zuzuwenden. Ist es wirklich angenehm, diese Arbeiten etwa an einem Esstisch verrichten zu müssen, gestört durch die Geräuschkulisse von anderen und wo man normalerweise der sinnlichen Tätigkeit der Nahrungsaufnahme nachgeht?

oben Hesses Arbeitszimmer ist auch im heutigen Zustand immer noch ein wärmender Kokon, der die Seele beflügeln kann.

Es wird einem erst auf den zweiten Blick klar: Räume definieren sich nicht über ihre Bewohner, sondern über die Tätigkeit, die sie in dem betreffenden Raum ausüben wollen – schlafen, kochen, essen, ausscheiden, sich waschen ... Stehen genügend Ressourcen zur Verfügung, ist alles fein säuberlich voneinander getrennt: das Schlafzimmer, die Küche, das Esszimmer, die Toilette, das Bad. Dass aus Kosten- und Platzgründen Funktionen zusammengelegt werden, ist keine neue Entwicklung. In alten Bauernhäusern hatte man keinen Sinn für solche Differenzierungen. Man wusch sich am Spülstein in der Küche, in der auch gekocht und gegessen wurde. Im dritten Hinterhof in Berlin um 1900 hatten die Arbeiterwohnungen genauso wenig ein Esszimmer, ein Kinderzimmer, geschweige denn ein Arbeitszimmer oder Bad. Heute wären zwar die Möglichkeiten vorhanden, die Funktionen zu trennen, doch längst sind offene Küchenzeilen im Wohn-/Esszimmer Standard geworden. Man verbindet Geselligkeit und Gemütlichkeit mit dieser Verheiratung unterschiedlichster Aktivitäten. Doch es gibt Kollateralschäden: Das Vermischen verschiedenster Tätigkeiten nimmt jeder einzelnen von ihnen den Stellenwert.

Es gibt Zeitgenossen, die schauen Fernsehen, essen dabei am Couchtisch und sehen gleichzeitig dort ihre Post durch. Was soll das werden? Ein alter Zen-Meister sagte einmal: »Tu das, was du tust, konzentriert, ganz gleich, was es ist, aber tu es mit Hinwendung zu dem, was es ist. Erledige es, dann erst beginne etwas Neues.« Dies klang für mich lange befremdlich, ich tat es ab als fernöstliche Kapriolen. Denn auch ich bin jemand, der gern verschiedene Dinge gleichzeitig machen möchte. Doch das bringt Stress. Da habe ich es ausprobiert, bei kleinen wie großen Tätigkeiten: Wenn ich Reis wasche, wasche ich Reis. Wenn ich im Garten bin, bin ich im Garten und mache nichts anderes. Ich merke, wie unglaublich entspannend das ist, wie gut das tut. Und so geht es auch mit dem Arbeiten am Schreibtisch: Ich plädiere aus eigener Erfahrung für die sorgfältige Trennung von Kochen, Essen, Arbeiten, Entspannen!

♦

unten Penibel gefüllte Bücherborde, ein Holzsessel, der schöne Kachelofen statt erkennbar Persönliches kennzeichnen eine von Hesse autorisierte Aufnahme seines Arbeitszimmers (1908).

Ein Arbeitszimmer – sofern vorhanden – verrät viel über die Identität desjenigen, der sich darin eingerichtet hat: Das ist meins, damit identifiziere ich mich, so arbeite ich. Dies ist der Grund, warum Hesses Arbeitszimmer eine so starke Anziehungskraft auf Gäste aus aller Herren Länder hat. Sie kommen in der Hoffnung, etwas zu finden, das den Dichter nahbarer und verständlicher macht. Sie wollen an diesem Raum seine Vorlieben ablesen, was er um sich haben wollte, um schreiben zu können. Damit verbunden ist das pure Vergnügen des Voyeurismus: zu sehen, wie andere ihre persönliche Umgebung gestalten, und den Befund abzugleichen und zu bewerten in Bezug zu sich selbst.

Auch Hesse umgab sich mit Dingen, die für ihn unerlässlich waren und durch Schönes ergänzt wurden: Die Petroleumlampe auf dem Schreibtisch und auch, wie er schrieb, »Tintenfaß, Federn, Aschenbecher, Papiermesser, Federnschachteln«[18]. Für heutige Zeitgenossen ein geradezu unwirkliches Setting, denn wer kennt noch das Schreiben mit der Feder oder ein Papiermesser zum Wegkratzen von Schreibfehlern auf dem Papier, noch vor der Erfindung des Radiergummis oder des Tintenlöschers? Ein weiteres Attribut der damaligen Zeit war der damals unerlässliche Taschenuhrständer, daneben Zigarrenspitzen in einer Schachtel, Streichhölzer, ein Wasserglas. Auch andere Dinge, einfach hübsch anzusehen oder mit einer interessanten Textur lagen da: eine schöne Vogelfeder vom Spaziergang, ungewöhnlich geäderte Steine vom Seeufer. Und immer stand in einer Vase ein Strauß Blumen, entweder mitgebracht von den ausgedehnten Streifzügen oder aus dem Garten.

Mehr noch als diese kleinen Dinge verrät der Raum an sich etwas über Hermann Hesse. Sein Arbeitszimmer ist heute noch der schönste, hellste und bedeutsamste Raum im Haus. Er liegt in der oberen Etage, verschafft

rechts Der grüne Kachelofen, der im Winter noch heute zuverlässig wärmt, nimmt einen prominenten Platz im Arbeitszimmer ein.

oben Vor dem Mappenschrank und der darüber eingebauten Vitrine stand dereinst Hesses Schreibtisch, umgeben von Bücherregalen, die ihn schützend umfassten.

Überblick. Ein Kopfraum sozusagen. Er drückt Stabilität aus, in ihm fühlt man sich geborgen. Dieser Ort war eine Klause für das Nachdenken, für das Formulieren innerer Bilder. Er war darauf ausgelegt, dass sich sein Bewohner allein in ihm aufhält – ein Exklusiv-Reich nur für Hesse. Der Kontakt zur Außenwelt war minimiert. Die Tür zum Haus, zur Familie hin, blieb geschlossen; Kinder- oder sonstiger Lärm durfte den Schaffensprozess nicht stören. Die andere Tür, die auf den Balkon führt, bot den Kontakt zur Welt da draußen – aber bitte nicht zu direkt! Hoch über allem, aus sicherer Entfernung konnte Hesse einen Blick auf die Umgebung wagen, ohne Störung befürchten zu müssen.

Und noch etwas zeigt das Arbeitszimmer: Hier hat sich Hesse fürs Leben niederlassen wollen. Hesse muss der Meinung gewesen sein, er sei angekommen. Wer beweglich bleiben will, schafft sich bewegliches Mobiliar an. Nicht nur die fest eingebauten Regale weisen auf den Wunsch nach Dauerhaftigkeit hin. Auch ein zweiter Einrichtungsgegenstand war Zeuge für Hesses Glauben, hier auf Dauer Heimat gefunden zu haben.

♦

Die Gäste merken nicht auf Anhieb, dass in diesem Raum das wesentliche Element fehlt. Sie sind gefangen von der hellen lichten Atmosphäre, beeindruckt von den umlaufenden Regalwänden. Doch nach einer Weile schauen sie suchend umher. Wo ist der Schreibtisch des Dichters? Das muss ich klarstellen und erläutern.

Das Schreibmöbel hatte schon vor dem Einzug in das neue Gaienhofener Haus eine eigene Geschichte: Als 28-jähriger angehender Schriftsteller hatte sich Hesse zum Umzug in das gemietete Bauernhaus einen großzügigen Schreibtisch entworfen, der Zentrum, Stütze und Grundlage für sein zukünftiges schriftstellerisches Werk sein sollte. Doch es kam nicht etwa ein Gaienhofener Schreiner zum Zuge. Hesse, der gern in der Münchner Künstlerszene weilte, unterhielt dort auch eine enge Verbindung zum Bildhauer und Architekten Hermann Haas. An dessen gewaltigem Holztisch fand er Gefallen. Hesse beauftragte Haas mit dem Bau eines ähnlich großen Schreibtischs. Er brachte das von ihm gewünschte Modell zu Papier: Die Handzeichnung vom Juni 1904 zeigt ein schlichtes kastenförmiges Möbel, »solide und funktionell«[19], wie Hesse schreibt. Die Länge war mit stattlichen drei Metern Länge veranschlagt. Je vier Schubladen bzw. Schubfächer links und rechts sowie einer weiteren oberhalb der Sitzöffnung, deren Höhe Hesse präzise festlegte, abgestimmt auf seine Körpergröße. Für Hesse war es wichtig, dass Haas einen finanziellen Gewinn an der Sache haben sollte, denn der war gerade monetär etwas klamm. Dass der Tisch in München gefertigt und deshalb umständlich transportiert werden musste, nahm er in Kauf.

Einfach sollte der Schreibtisch sein, aus robustem Fichtenholz ohne Zierwerk oder gar Metallbeschläge. Daher schlug Hesse Schubfächer mit halbmondförmigen Eingriffen im Holz vor. Der junge Münchner Freund muss den Kopf ge-

oben Der Balkon vor dem Arbeitszimmer dient als luftiger Sonnenplatz und beschert erholsame Pausen.

rechts Aufatmen, Ruhe finden, für sich sein – das ist heute wie damals auf der Veranda vor dem Arbeitszimmer möglich.

schüttelt haben: Wie sollte er so Hesses Wunsch nachkommen, dass eine der Laden abschließbar sein müsse? Sie fanden schließlich einen Kompromiss: Vor den Schubladenfronten wurden zwei abschließbare Holztüren mit Messingbeschlägen angebracht.

Das Werkstück wurde wunschgemäß gebaut und in zwei Teilen per Bahnspedition und Kutsche nach Gaienhofen gebracht. Was haben sich die Dörfler wohl gedacht, als die unförmigen Werkstücke, gepolstert in Holzwolle und eingenäht in Rupfen, vor dem Haus standen? Man war ja einiges von dem komischen Kauz Hesse gewohnt, sicher haben sich rasch neugierige Helfer gefunden, die mit anpackten, um alles vom Dorfplatz in sein erstes, gemietetes Haus zu tragen.

Das geteilte Ungetüm wurde die steile Stiege hinauf in Hesses kleines Arbeitszimmer getragen und zusammengefügt. Nun ja – das Möbel wirkte etwas groß für die eher bescheidene Schreibstube da oben unter dem Dach des Bauernhauses. Es wollte nicht so recht zu der niedrigen Decke und den kleinen Fenstern passen. Und doch war es kein Fehler gewesen, die Dimensionen des Schreibmöbels an seinen Besitzer anzupassen und nicht an seine momentane Behausung. 1907 wurde das gewichtige Möbelstück auf den Hügel in das neue Haus getragen, später wanderte es mit nach Bern, landete schließlich in Montagnola. Bis zu Hesses Tod blieb der Schreibtisch ein treuer Begleiter. Danach wurde er im Berner Archiv aufbewahrt. Auf Veranlassung einer Enkelin Hesses gelangte er schließlich an seinen einstigen Bestimmungsort zurück und steht heute wieder in der ersten Wohnung des Dichters, dem heutigen Hesse-Museum in Gaienhofen.

Doch wie fügte sich der Schreibtisch in Hesses zweitem, dem selbst gebauten Haus ein? Ich bin die paar Hundert Meter hinunter ins Dorf gegangen und habe den Schreibtisch im Hesse-Museum ausgemessen. Dann wanderte ich mit der Maßskizze durch das leere Zimmer hier im Haus. Endlich machten die merkwürdigen hellen Abdrücke auf den freigelegten Dielen einen Sinn! Hier hatte der Schreibtisch gestanden. Es war, als würde ein fehlender Mosaikstein seinen Platz finden. Die umsichtige Planung des Raums zeigt es: Der Architekt hatte offenbar das bestehende Möbel als Vorgabe genutzt, um die Größe von Hesses Arbeitszimmer festzulegen. Ja, mehr noch! Die Art des Holzes und die Schlichtheit des Möbels hatten als Richtlinie für die Gestaltung von Regalwänden, Mappenschrank und Vitrine gedient – die gleiche Holzart, die gleiche Oberfläche, die gleiche Schmucklosigkeit.

Die Wirkung muss verblüffend gewesen sein. Es sah so aus, als sei der Schreibtisch perfekt in den Raum eingepasst worden. Dabei war es genau umgekehrt gewesen: Der gesamte Raum richtete sich nach dem Schreibtisch! Das war ganz in Hesses Sinne: etwas Bestehendes, Wertvolles zu einem Knotenpunkt machen, dem sich das Neue anzupassen hat. So hatte er es auch im Garten mit dem alten Birnbaum gemacht: Der Baum blieb, das neu gebaute Haus richtete sich am Baumpatriarchen aus.

Manchmal mache ich mir den Spaß und frage die Gäste, wo sie denn den ehemaligen Standort des Schreibtisches vermuten. Sie tippen fast immer auf eine Stelle dicht am Fenster. Das ist naheliegend, denn heute macht man das so. Doch für Hesse waren andere Überlegungen ausschlaggebend. Ihm war es wichtiger, schützend umfasst und gehalten von den Bücherwänden zu sein. So war er auch seinen Manuskripten und Büchern nah, die er für seine Arbeit benötigte. Zwischen den Regalwänden war es zwar dunkler als am Fenster. Doch zum Denken benötigt man kein Licht. Und beim Schreiben erfüllte die Petroleumlampe auf dem Schreibtisch ihren Zweck.

♦

oben Die Regalböden für Hesses Bücher sind mittels Zahnleisten lückenlos verstellbar, damit der kostbare Regalplatz maximal ausgenutzt werden kann.

Heute ist in Hermann Hesses Arbeitszimmer vieles noch so, wie es früher war. Damit meine ich nicht nur die Einrichtung. Ein Großteil der Geräusch- und Duftkulisse ist zeitlos. Das Knarzen der alten Bodendielen unter den Füßen, das Heulen des Sturms, der an den Fensterläden reißt und pfeifend durch die Holzschindeln an der Fassade entlangzieht. Das Rieseln von Mörtel hinter den Holzwänden. Das süßliche Aroma der geölten Dielen, vermischt mit dem eigenartigen Geruch alter Bücherseiten. Auch das knisternde Zusammenfallen der Holzscheite, wenn der alte Kachelofen seinen Dienst tut, und das Knacken der Glasscheiben in der Ofentür, wenn sie sich im Winter in der Wärme des Feuers ausdehnen, gehören zum akustischen Memento. Zu Hesses Zeiten sind die Ofentürscheiben mehrmals krachend gesprungen, entweder weil der Hausherr vergessen hatte, die Klappe zum Kamin zu öffnen, oder weil der Föhn auf den Schornstein drückte. Jedes Mal war es eine kleine Katastrophe. Der Rauch zog durch die zersprungenen Gläser in den Raum hinein und Ruß setzte sich wie ein klebriger Mantel auf den Büchern ab.

Verflüchtigt sind die dicken Nebelschwaden von Hesses Zigarren, der Geruch von Unschlittkerzen und Petroleum. Heute gibt es elektrisches Licht. Die Ausdünstungen aus den Harzporen des Fichtenholzes sind verflogen, ebenso wie der Leimgeruch aus seinen frisch gebundenen Büchern. Heute stehen die Bücher etwas weniger ordentlich als bei Hesse in den Regalen. Wenn die Tür zum Balkon im Sommer lange offen steht, bauen sich Mörtelwespen ihre tönernen Bruttröhren zwischen die Bücher. Ich finde sie in säuberlichen Reihen beim Ausklopfen der Bücher im Winter.

Um ein Haar hätte sich auch dieser Raum samt Bibliothek verflüchtigt. Noch Jahrzehnte nach Hesses Fortgang wurde der Raum genutzt und geschätzt. Doch als in den Fünfzigerjahren das Haus zur Pension »Haus am Erlenloh« umgewidmet wurde, verwandelte sich das Arbeitszimmer in ein Gästezimmer. Herunter mit den originalen Regalbrettern! Sie dienten als Ofennahrung. Mittig vor die Vitrine wurde ein Bett gestellt, Schrank, Tisch und Stühle im Raum verteilt, die Wände grau gestrichen. Die Vitrine wurde zum Ausstellen von Nippes verwendet, der Mappenschrank wohl für die Aufbewahrung von Wäsche. In eine der Holzwände wurde ein Waschbecken eingelassen, ein Abflussrohr verlegt. Eine Fotografie zeigt ein Gastkind, das versonnen im Wasser plätschert.

Das Arbeitszimmer war das schönste und größte Zimmer der Pension, auch das teuerste, denn es bot mit dem Balkon einen sonnigen Platz und einen atemberaubenden Blick auf den Bodensee. Viele Gäste wollten Hesses ehemalige Bibliothek als Ferienzimmer ergattern. Selbst in der nur noch rudimentär vorhandenen Einrichtung des Raums muss die besondere Atmosphäre zu spüren gewesen sein. Der große üppige Garten sowie das damals noch zum Haus gehörende Seegrundstück luden zur Erholung ein. Die ehemalige Opernsängerin und Malerwitwe Lenore Waentig war die Seele der Pension, sie unterhielt ihre Gäste mit kunstsinnigen Gesprächen, gab ihnen Tipps für die Freizeit und bekochte sie auch. Nach ihrem Tod begann endgültig der Niedergang. Die Bibliothek verlor weitere Teile des Holzwerks, nur noch die rückwärtigen Wände blieben übrig. Die schönen Holzdielen verschwanden unter Gussasphalt und Teppichboden. Vorbei war es mit dem Knarren und Knarzen. Die Moderne hielt Einzug.

unten Die abklappbaren Ladenfronten des Mappenschranks erlaubten Hesse das beschädigungsfreie Einlagern von Kunstblättern und zeugen von kluger Planung.

oben Ein klares Schachbrettmuster ziert auch heute noch den luftigen Freisitz.

rechts Draußen vor dem Arbeitszimmer schweift der Blick über den Garten zum Schweizer Städtchen Steckborn am Untersee des Bodensees gegenüber.

Es grenzt an ein Wunder, dass alles wiederhergestellt werden konnte. Ein Schreinermeister hat mit etlichen Gesellen in monatelanger Arbeit die alte Schönheit wiederauferstehen lassen: fehlende Regalbretter ersetzt, die Zahnleisten erneuert, auf denen die Brettabstände in 2,5-cm-Sprüngen nach Wunsch angepasst werden können, die ursprüngliche Farbgebung als transparente Lasierung wieder angelegt. Zuvor mussten mühsam alle grauen, schwarzen und weißen Farbreste von den Anstrichen vergangener Dekaden abgetragen werden. Eine Tür eines Unterschranks, schon ofenfertig zerteilt im Keller gefunden, konnte restauriert werden. Die um einige Zentimeter gekürzten Zimmertüren sind wieder verlängert, die Türschwellen wieder eingebaut. Die freigelegten alten Fichtendielen mit ihrer knarzenden Sprache melden heute wie damals jeden Neuankömmling. Der Abzug des Kachelofens ist wieder mit dem Schornstein verbunden, heimelige Wärme füllt im Winter den Raum. Hinter dem eigentümlich welligen und blasigen alten Glas der Vitrine und in den Regalen stehen heute frühe Buchausgaben von Hesse und seinen Zeitgenossen. Der Mappenschrank, in dem er Werke von Malerfreunden sowie seine schönsten Papierbögen verwahrte, birgt heute Bilderrahmen aller Art. Die Unterschränke mit Türklappen, die zu seinen Zeiten Sämereien und anderes bewahrten, sind nun mit Räucherwerk, Gläsern und Seidenbändern bestückt. So hat alles seinen Platz.

Wie schön, dass die Einzigartigkeit von Hesses Arbeitszimmer erhalten werden konnte! Seine Strahlkraft überträgt sich auch heute noch auf die Besucher, ergreift sie, macht sie glücklich, nachdenklich. Nach einigen Minuten verlieren sie ihre Scheu, lassen sich nieder und wollen am liebsten bleiben. Dieser Raum regt dazu an, das eigene Verhältnis zum Umgang mit Büchern, zum Arbeiten zu reflektieren. So mancher Brief hat mich erreicht, in dem ein früherer Gast mir erzählt, dass er sich nun selbst ein solches Zimmer gestaltet hat.

Ich bin dankbar, dass ich diesen Raum nutzen und beleben darf. Mit meiner Familie, mit dem Freundeskreis teile ich ihn gern. Selbst unsere uns zugelaufene Katze, die sich genüsslich auf einem der Korbsessel im ausgelegten Schaffell einrollt, ist wie ein Gruß aus der Vergangenheit. Sie sieht zufällig aus wie eine von Hesses Katzen: Gattamelata. So vermischen sich die Bilder aus der vergangenen Zeit mit dem Jetzt, man weiß nicht so recht, was von heute ist, was von damals. Das Gestern belebt das Heute; das Heute macht die Anwesenheit des Gestern erst möglich.

◆

IN MORPHEUS' ARMEN

Hesses Schlafzimmer

♦

»Das Wählen eines Schlafzimmers ist also für unsereinen eine äußerst heikle, wichtige und dabei ziemlich hoffnungslose Unternehmung, an zwanzig Dinge, an hundert Möglichkeiten ist dabei zu denken. (...) Aus dem allzu seichten Grabe meines schlechten, kurzen, oft unterbrochenen Schlafes erhebe ich mich am Morgen, nicht beflügelt mit Auferstehungsgefühlen, sondern schwer, müde und zaghaft, (...) und des Nachts habe ich zwar eine große, eine glühende Sehnsucht nach Schlaf, aber mein Einschlafen ist ein komplizierter Dämmerungsvorgang, welcher Stunden dauert, und dann ist der Schlaf sehr leise, sehr dünn und spröde, ein Hauch genügt, um ihn zu zerreißen.«

Hermann Hesse, Der Kurgast, 1925

Fluchten ins Unbewusste

Seite 120 Das auffällige Blau im Entree zu Hesses Schlafzimmer sollte in die Welt der Entspannung und Versenkung führen.

rechts Der vom Ehepaar zunächst als Schlafzimmer angedachte Raum wurde schließlich als Gästezimmer genutzt.

Ich wälze mich im Bett herum, die Decke erscheint zu warm, das Kissen zunehmend unbequem, ich bin hellwach. An Weiterschlafen ist nicht zu denken. Gedanken über Vergangenes, Ungelöstes, Bevorstehendes schieben sich in den Kopf, während ich den durch das offene Fenster hereindringenden Geräuschen der Nacht lausche. Unten auf dem Kiesplatz jagen sich zwei quiekende Tiere, vielleicht Wiesel, dann herrscht wieder Stille. Wenig später höre ich den Kies unter den Pfoten eines anderen Tieres knirschen. Ein Igel? Es geht auf halb fünf Uhr zu, da vernehme ich das täglich immer gleiche Fahrzeug schnurren, welches sich dem Hügel zügig nähert und nun den kleinen Weg hier am Haus hinauffährt. Abrupt hält jetzt der Zeitungsbote am großen Torpfeiler mit unserem Postkasten, öffnet energisch die Autotür, während der Motor leise weiterläuft. Ich höre das metallische Zufallen der Klappe, nachdem der Bote die Zeitung im Schlund des Kastens versenkt hat, danach die zuschlagende Wagentür, das rasche Beschleunigen bis zum nächsten Postkasten an der Straße, erneutes Abbremsen. Ein sich wiederholender Vorgang entlang der Postkästen der Zeitungsleser, ein an- und abschwellendes Geräusch, leiser werdend, je weiter es sich entfernt. Es ist ein Hör-Ereignis, ohne das der Morgen für mich nicht kommt. Mit geschlossenen Augen erwarte ich jetzt noch ein wenig Schlaf, doch nur, wenn nicht in der kühleren Jahreszeit das Knacken des sich ausdehnenden Gusseisenrohrs am Heizkörper die beginnende Arbeit der Zentralheizung im Keller ankündigt, welche die erste Wärme durch das Haus emporschickt.

Lohnt es sich noch einzuschlafen oder soll ich weiterlesen? Ich weigere mich, mir mit einem Blick auf die Uhr das Verrinnen der Zeit zu bestätigen, ich erkenne dies ohnehin am Blick nach draußen. Schon zeigt mir das Fenster gen Osten erste Streifen eines grau-rosa Morgenhimmels zwischen schwarzgrauen, gleichsam aufplatzenden Wolkenbändern, als ich schließlich die Eule höre: Sie hangelt sich im ersten Morgengrauen von Baum zu Baum an meinem Zimmer vorbei, ruft krächzend, bis sie ihren Schlafbaum neben der alten Birne erreicht und dort gurrend in den Schlaf fällt. Zeitgleich wachen die Rotkehlchen überall im Garten auf und ich kann anhand ihres perlenden Gesangs ihre Schlafplätze im Garten ausmachen. Schließlich ist es meine Katze, die der Möglichkeit eines erneuten Einschlafens ein Ende bereitet, indem sie in mein Bett springt und nach Streicheleinheiten verlangt.

♦

Mein Schlafzimmer habe ich unter den Räumen des oberen Stockwerks ganz intuitiv ausgesucht. Für mich ist es perfekt für erholsamen Schlaf und das langsame Hineingleiten in den Tag. Das Erwachen in diesem Zimmer ist eingebettet in das Farbspiel des Morgenhimmels, gewürzt mit den gemächlich auflebenden Geräuschen des All-

tags. Die Zeiten der Berufstätigkeit und damit der täglich festgelegten Aufstehzeit sind vorbei und längst hat sich ein mir eigener, selbstbestimmter Rhythmus eingestellt. Ich werde vom Licht geweckt und gehöre mir ganz alleine. Ich möchte diese frühen Morgenstunden nicht missen, sie sind mir vertraut, sie gehören dazu.

Erst später, als ich den Bauplan dieses Hauses einsehen konnte, wurde offenbar, dass genau dieses Zimmer auch als Schlafzimmer von Mia und Hermann Hesse vorgesehen war. Ich stelle mir vor, wie sich im Jahr 1906 das Ehepaar im alten, gemieteten Bauernhaus gemeinsam mit dem Architekten über die Pläne des neuen Hauses beugt und das Für und Wider der verschiedenen Möglichkeiten diskutiert. Die Wahl des Zimmers in der Nordostecke des Hauses leuchtet durchaus ein: Am Zugang zur zweiten Etage hätte man sozusagen die Türhüterfunktion, die Gäste könnten ungestört auch einmal länger ausschlafen. Und sollte einmal ein später oder früher Besucher den Kiesweg vom Dorf heraufkommen, könnte man durch das kleine, nach Norden weisende Fenster nachschauen: Wer ist es? Lassen wir ihn herein oder nicht? Doch als der eigentliche Vorzug dieses Zimmers würde sich das gen Osten ausgerichtete große Fenster erweisen, das zu Beginn des Tages die Bühne für ein besonderes Schauspiel bietet: den Eintritt des Himmels in den Raum, sodass man vom Bett noch halb träumend die Schönheit der morgendlichen Dämmerung verfolgen könnte, bis sich die Sonne über den Berghorizont des Thurgaus schiebt und die Nase wärmt. Nach wohligem Räkeln könnte sich das Ehepaar im nun lichtdurchfluteten Zimmer aus dem Bett schwingen und durch die gen Süden gerichtete Fenstertür hinaustreten auf den Balkon, ein Privatissimum, zu dem man nur über dieses Schlafzimmer oder das Arbeitszimmer gelangt. Hier böte sich die Gelegenheit, Temperatur und Luft zu prüfen, sich vielleicht ein wenig zu dehnen oder auf einem Gartenstuhl die ersten Sonnenstrahlen zu genießen und einen prüfenden Blick hinunter in den Garten zu werfen.

Vom Balkon aus würde der Hausherr den Fischern beim morgendlichen Einziehen der Netze zusehen, die Kräuselung des Kielwassers an der Wasseroberfläche verriete seinem geübten Auge, wie es dort unten auf dem See um den Wind bestellt ist. Ein prüfender Blick in den Himmel ließe eine Ahnung über das bevorstehende Wetter zu. Hier hätte er auch Zugang zu seiner Kleidung, sorgsam am Vorabend an der vom Dachüberstand gut geschützten Kleiderstange zum Lüften aufgehängt. So gerüstet könnte er dann – wenn und wann er es wollte – durch eine weitere Tür vom Balkon aus direkt in sein Arbeitszimmer treten und sein Tagwerk beginnen. Vielleicht würde er sich auch entscheiden, noch vor dem Frühstück angeln zu gehen. Und falls es ein Tag mit dem damals noch häufigen ländlichen Dauerregen werden würde, könnte er sich in den Federn noch einmal umdrehen, in der Hoffnung auf weiteren Schlaf. Es gibt in diesem Raum kein Fenster zur Wetterseite, dem Westen, somit auch kein schlafstörendes Dauertrommeln des Regens auf den Fensterscheiben. Seine Frau Mia würde morgens allerdings einen anderen Weg wählen müssen: hinunter zu Kindern und Küche.

Alle diese Möglichkeiten wurden vom Ehepaar Hesse sicher sorgfältig erwogen. Welch wunderbare Visionen allein die Lage dieses Zimmers auf dem Bauplan heraufbeschwören kann! Für ausreichende Ruhe schien gesorgt zu sein, denn im gemieteten Gaienhofener Bauernhaus hatte das satte, gesicherte Familienleben dem empfindsamen Dichter Hermann Hesse, für den der Schlaf ein höchst flüchtiges Ereignis gewesen war (und bald wieder sein würde), einen regelmäßigen Tages- und Nachtablauf geschenkt. Hesse machte zu jener Zeit einen ausgeglichenen, humorvollen, neugierigen Eindruck. Bisweilen blitzte sogar eine gewisse Extrovertiertheit auf, er ging zur Gemeinderatssitzung oder zur Beerdigung eines Bauern, besuchte regelmäßig die Dorfkneipen.

Ob auch in der ersten Zeit im neuen Haus die früheren Schlafprobleme gebannt waren? Bald schlichen sich bei Hesse Zweifel an der Saturiertheit seines scheinbar allzu bürgerlichen Lebens ein und das Gleichmaß der Tagesabläufe und Verpflichtungen wurde ihm mehr und mehr zuwider. Dazu kamen die Bedenken, ob er durch seine Schriftstellerei genug Finanzmittel zur Unterhaltung von Familie, Haus und Garten sowie zum Abzahlen des zinslosen Haus-Darlehens an seinen Schwiegervater würde aufbringen können. Hesse grübelte viel, er saß lange im Schein der Lampe in seinem Arbeitszimmer, schreibend und lesend wie im Rausch, um irgendwann ins Bett zu fallen. Wenn wieder einmal die Sorgen an ihm genagt hatten, setzte sich der Nachtmahr, ein böses Elfenwesen aus uraltem Volksglauben, im Schlaf auf seine Brust und ließ unheilvolle und beklemmende Traumszenerien aufsteigen. Er schlief wieder schlechter, seine alte Empfindlichkeit stellte sich wieder ein. Wie das wohl für Mia Hesse war, neben einem Schläfer zu ruhen, für den jedes noch so kleine Ereignis in Form eines Geräusches oder eines Lichteinfalls zur Unzeit eine Störung massivster Art bedeutete?

Als das Ehepaar Hesse noch über den Architektenplänen saß, war die Auswahl des Schlafzimmers gut und richtig gewesen. Für einen Bewohner mit störanfälligem Schlaf hätten sie allerdings kaum einen ungeeigneteren Raum im

rechts Die Abschlusstür im oberen Flur markiert einen Ort der Ruhe mit Arbeitszimmer, Gäste- und Schlafzimmer.

oben Familie Hesse verzichtete damals bewusst auf veritable Fensterbänke.

Haus finden können. Er liegt gleich an der Treppe, und wenn Hesse die Nacht zum Tag und den Tag zur Nacht gemacht hatte, müssen ihn die Tagesgeräusche von Frau und Kindern genauso gestört haben wie das starke Tageslicht, das vom Fenster der Balkontür her auf sein Bett fiel. Ich erlebe es nun schon seit vielen Jahren: Wenn im Sommer bereits um halb vier die Morgendämmerung einsetzt, wird es in diesem Raum durch die beiden Fenster und die verglaste Balkontür sehr hell, zusammen mit der Zimmertür sind sie Eintrittspforten für Geräuschquellen aller Art. Gäste im Haus, die sich spätabends oder frühmorgens am Zimmer vorbeischleichen wollen, vereiteln durch das unvermeidliche Knarzen der Dielen den leichten Schlaf. Auch der nächtliche Besuch des damals wie heute schräg gegenüberliegenden Badezimmers wird zur fatalen Lärmquelle. Für den ruhebedürftigen Hermann Hesse muss es nahezu unmöglich gewesen sein, hier Erholung zu finden.

♦

Wann es den Hesses wohl aufgefallen ist, dass der von ihnen als Schlafzimmer ausgewählte Raum nicht den Erwartungen entsprach? Sicher ist, dass er irgendwann zum Gästezimmer umgewandelt wurde. Aber welcher der beiden anderen infrage kommenden Räume in der oberen Etage wurde zum neuen Schlafgemach erkoren? Der Raum am Ende des Flurs war viel ruhiger, es gab keinen »Durchgangsverkehr« und die Lage direkt neben dem Arbeitszimmer erlaubte auch von hier aus ein Hin- und Herwechseln auf kurzem Wege. Mehrere Indizien weisen darauf hin, dass tatsächlich dieser deutlich kleinere und dunklere Raum zu Hermann Hesses Schlafzimmer wurde.

Zum einen ist da die Farbgebung des Raumes und seines Zugangs. Außen im Flur tauchte im Zuge der Sanierungsarbeiten unter alten Tapeten der Erstanstrich der Wand auf, die hier kaum mehr als einen Rahmen für die Tür zum Zimmer darstellt: ein kräftiges Ultramarin, fast ein tiefes Nachtdunkelblau. Wer in dieses Zimmer eintrat, tat dies also wie durch ein Eingangstor zum Unbewussten. Die Wände des Raumes selbst waren in einem milden Wolkenblau gehalten. Auch diese Farbwahl entsprach dem damals schon vorhandenen Wissen über die Auswirkung von Farben auf die Stimmungslage: Blau ist die Farbe von Weite und Tiefe und wirkt beruhigend. Für jemanden, der an Schlafstörungen

und Nervosität litt, handelte es sich um eine ideale Farbstellung. Weil beides die Erstanstriche sind, liegt der Schluss nahe, dass dieses kleinere Zimmer bereits vom Tag des Einzuges an als Schlafzimmer verwendet wurde. Die Nutzung des großen, lichten Zimmers vorne im Flur als eheliches Schlafgemach wäre also von Anfang an eine schöne Fiktion geblieben.

Wie sah nun dieser tatsächlich als Schlafzimmer genutzte Raum damals aus? Er sollte zu nichts anderem als dem erholsamen Schlaf dienen, er sollte abregen statt anregen. Entsprechend karg war die Ausstattung. Der Hausherr selbst beschrieb in einer durchwachten Nacht die vom bleichen Mondlicht beschienene Szenerie: »So vergeht der Tag, und der Abend vergeht bei Lampenlicht, Büchern, Zigarren, bis gegen zehn Uhr. Dann steige ich im kalten Nebenzimmer ins Bett, ohne zu wissen, warum, denn ich kann wenig schlafen. Ich sehe das Fensterviereck, den weißen Waschtisch, ein weißes Bild überm Bett in der Nachtblässe schwimmen (...) Ich mache die Augen auf, ich mache sie wieder zu (...) (Ich) denke an andere Nächte, an zehn, zwanzig vergangene Nächte, da ich ebenso lag, da ebenso das bleiche Fenster schimmerte und mein Herzschlag die blassen, wesenlosen Stunden abzählte. So vergehen die Nächte.«[20]

oben Der weite, unverstellte Blick auf den See und die umgebende Landschaft aus Hesses Schlafzimmer.

oben Siesta auf einer Wiese während einer Wanderung in Oberitalien.

Neben der aufgefundenen Farbwahl der Wandanstriche ist diese Beschreibung der zweite Hinweis darauf, dass im Widerspruch zum Hausplan dieses kleine Zimmer am Ende des Flurs Hesses Schlafzimmer gewesen sein muss. Denn sie passt zu dem kleinen, schmalen Ostfenster in diesem Raum. Zu seiner Rechten ging die Öffnung des größeren Fensters gen Süden zum See hin, leidlich verdunkelt durch Vorhänge. Als Einrichtung gab es neben dem von ihm beschriebenen Waschtisch auch einen Unterschrank unter dem Fenster, er ist samt eingebauter Türklappe heute noch vorhanden. Vermutlich diente ein Stuhl zum Ablegen von Kleidungsstücken und ein Nachttisch zum Abstellen der Lampe und zum Deponieren der Taschenuhr. Ein Schrank war nicht nötig, denn direkt neben dem Schlafzimmer lag das schmale »Schrankzimmer«, dessen linke Seite mit eingebauten Kleiderschränken und Wäschefächern versehen war, sorgfältig auf Maß gearbeitet. Auch diese direkte Nähe des Ankleidezimmers spricht für die Nutzung des kleinen Zimmers als Schlafraum, wer will schon im Nachthemd an den Gästen vorbei zu seinen Kleidern gehen müssen?

Das ehemalige Schrankzimmer gibt es nicht mehr, seine Fläche wurde irgendwann dem mittleren Gästezimmer zugeschlagen, das heute als Küche dient. Auf dem erhaltenen Dielenboden dieses verlorenen Ankleideraums findet sich ein Brandmal. Der braunschwarze Abdruck eines heißen Bügeleisens, welches offenbar leichtsinnig dort auf dem Boden abgestellt wurde, hat sich unauslöschlich in ihn eingeprägt. Was hätte alles passieren können! Solche Brandmarken finden sich auch um die ehemalige Bettstelle nebenan – das vierte und stärkste Indiz für die Nutzung des Zimmers am Ende des Flurs als Hesses Schlafzimmer. Eine ihm aus der Hand geglittene Brissago-Zigarre, die letzte Glut eines unachtsam abgelegten Zündholzes, als ihn der Schlaf überraschend doch ereilte ... Brandgefährlicher Leichtsinn, doch immer blieb das Haus wie durch ein Wunder vor dem Feuer verschont.

♦

Dass Hermann Hesse so anfällig für Schlafprobleme war, kann nicht verwundern. Als Feingeist mit ausgeprägter Wahrnehmungsfähigkeit hatte er Mühe, alle Sinneskanäle für die Nacht zu verschließen oder sich eine Gleichgültigkeit gegenüber einer nicht für ihn bestimmten Geräusch- oder Lichtkulisse anzugewöhnen. Abschalten und Ausfiltern gehörten nicht zu seinen Gaben, wären aber doch für Ruhe und Regeneration bitternotwendig gewesen. Tagsüber schien ihm das Abschalten als Leistung seines Willens eher zu gelingen: Da ließ er sich bisweilen treiben, pflegte die »Kunst des Müßiggangs«[21], wie er es beschreibt.

Müßiggang ist tatsächlich eine Fähigkeit, denn nur, wenn man den Dingen Zeit und Ruhe gibt, kommen sie nahe, können sie erfasst werden. Genau dies war eine große Meisterschaft von ihm. Sein Schriftwerk nährt sich von dieser ungeheuren Aufnahmefähigkeit auch für kleinste Beobachtungen und Erfahrungen, denen er unentwegt ausgesetzt war, weil er nicht anders konnte und wollte. Im Wachzustand regierten sein Wille und sein Bewusstsein. Der Nachtruhe hingegen muss man sich ausliefern, indem man den Willen loslässt. Weil dieses Loslassen Hesse schlichtweg unmöglich war, versuchte der nervöse Dichter immer wieder in seinem Leben, sich mit starken Medikamenten wie Veronal in Morpheus' Arme zu versenken. Doch dieser künstliche Schlaf, der von den überreizten Sinnen eigentlich gar nicht zugelassen wird, sondern sie nur ausknipst wie der Schalter das Licht, ist wenig erholsam. Das schwer dosierbare, betäubend wirkende Hypnotikum sorgte für Hesses berüchtigte Hang-over bis in den nächsten Tag hinein. Das Veronal ist also wohl nicht ganz schuldlos daran, dass Hesse morgens nur mühsam aus dem Bett kam, seltsam gerädert, lustlos, schlecht gelaunt, reizbar und daher eine Zumutung für Frau und Kinder. Bisweilen griff er tagsüber genervt zu Stock und Hut, verließ wortlos das Haus und legte sich in eine abgelegene Wiese unter einen schattigen Baum zum Ruhen, der über die Augen herabgezogene Hut sorgte für die Abschirmung des Sonnenlichts. Hermann Hesse im Gras liegend gibt vordergründig ein Bild wohligen Landlebens ab, kann aber auch als Bild der Verzweiflung eines Ruhelosen interpretiert werden.

Wo auch immer sich der allzu leichte, dünne Schlaf über den Dichter legte, Erholung war damit noch nicht sicher. Denn Hermann Hesse plagten seine Traumgespinste, gute und schlechte, immer schon. Sowohl seine Albträume als auch seine Traumvorstellungen im Sinne idealisierender Ideen fanden als Metaphern Eingang in seine frühen Schriften. Wohl erst nach der Gaienhofener Zeit kam Hesse in Kontakt mit der in intellektuellen Kreisen angesagten, auf den Lehren von Sigmund Freud basierenden Psychoanalyse. Das

unten Brandgefährlich, doch das Haus blieb glücklicherweise immer verschont.

oben Ausguck aus dem Schlafzimmer zur Zuwegung: Wer kommt da?

rechts Vom ursprünglich angedachten Schlafzimmer kann man über die Veranda in das Arbeitszimmer gehen, dessen Tür rechts verborgen ist.

Gaienhofener Haus war schon längst verkauft, als Hesse 1916 in Folge des Ersten Weltkriegs, der Zerrüttung seiner Ehe mit Mia und des Todes seines Vaters seine tiefste persönliche Krise erlebte und sich einer etwa einjährigen Analyse unterzog. Sein Arzt Josef Bernhard Lang, ein Schüler von C.G. Jung, den Hesse übrigens später ebenfalls als Arzt konsultierte, nutzte die Technik der Traumdeutung, um dem Dichter einen Zugang zu seinem Unbewussten und damit zur Selbsterkenntnis zu schaffen. In dieser Zeit schrieb Hesse akribisch die ungeheure Fülle seiner Träume in einem Traumtagebuch nieder und setzte sich mit ihren Botschaften auseinander. Auch Mia beschäftigte sich in der Hoffnung auf Hilfe für ihre verfahrene Situation vorübergehend mit diesem Thema. So half die Psychoanalyse den beiden in der Zeit des endgültigen Auseinanderbrechens ihrer Ehe doch noch zu einer Gemeinsamkeit. Mia ließ dieses Terrain allerdings rascher hinter sich als ihr Mann, der in großer Ernsthaftigkeit diese Möglichkeit der Selbsterforschung weiter für sich in Anspruch nahm.

Wie sehr Hermann Hesse die Auseinandersetzung mit dem Unbewussten formte, zeigt sich in seinem Entwicklungsroman *Demian*, den er 1917 unter dem Pseudonym Emil Sinclair schrieb. Den Mut, sein Werk unter eigenem Namen zu veröffentlichen, hatte er nicht, zu frisch und fremd war das, was er als seine eigene Persönlichkeit erkannt hatte. Doch trotz dieser Annäherung an sein Ich geriet Hesse auch später noch immer wieder in kritische Zustände, litt weiter an Schlafschwierigkeiten und Unausgewogenheit, die aus ihm nicht gerade einen ausgeglichenen und nahbaren Zeitgenossen machten.

Ein Trost mag sein, dass alles im Leben zwei Pole hat, so wie Tag und Nacht und Schlafen und Wachen: Seine überbordende und kaum zu dämpfende Aufnahmefähigkeit bescherte Hermann Hesse Ruhelosigkeit und unzählige quälende Stunden, die er in der unerfüllten Hoffnung auf erholsamen Schlaf verbrachte. Sie lieferte ihm aber auch eine zuverlässige Quelle für sein Werk, das ihm schließlich den Literaturnobelpreis einbrachte.

♦

NABELSCHNUR ZUR WELT

Die Gästezimmer

♦

»Ich bin am liebsten allein u. leide unter den vielen Besuchen, denen ich ausgesetzt bin, sehr. Es kommen jeden Sommer weit über hundert Leute her u. jeder wundert sich dann, daß ich nicht entzückt bin, u. nicht mit Vergnügen ein paar Stunden mit ihnen plaudere, während ich sonst selbst mit meiner Frau u. den nächsten Freunden nur selten lebhaft u. gesprächig bin.«

Hermann Hesse, Brief an Franz Wegwitz, Juli 1907

Besuch für den Eremiten

Seite 132 Zarte Blautöne und ein gekehlter Übergang zur Decke zeugen auch im Gästezimmer von der sorgfältigen Gestaltung der Räume.

rechts Wie auf einem Wachturm erlauben die großen Fenster des Treppenhauserkers einen größtmöglichen Rundumblick.

Im Dörfchen Gaienhofen war es wie überall im ländlichen Raum: Wenn sich die Bäume unter der zu erwartenden Ernte bis zur Erde bogen und auch das Einbringen der Feldfrüchte allein nicht zu bewältigen war, halfen sich die Familien gegenseitig aus. War alles glücklich unter Dach und Fach, gab es Momente der Gemeinsamkeit, man begoss in froher Runde das Ereignis, tauschte sich aus. Genauso war es, wenn es etwa eine Hochzeit zu feiern gab oder der Maibaum gestellt wurde. Der Stammtisch in der Wirtschaft war für die Männer ein beliebter Treffpunkt. Allerdings blieb man in solchen Dingen lieber unter sich, denn der am westlichen Bodensee ansässige alemannische Menschenschlag ist eher zurückhaltend, man öffnete nicht ohne Notwendigkeit jemandem die Tür. Die Vermietung von Fremdenzimmern war allerdings ein gern gesehenes Zubrot. Es kamen die ersten Sommerfrischler, um sich am lauen See zu vergnügen, und auch besorgte Eltern, die ihre behüteten Töchter in die Obhut des Gaienhofener Reformmädcheninternats mit exzellentem Ruf gegeben hatten und nach dem Rechten schauen wollten. Bei meinem Großvater im Gasthof »Zum Deutschen Kaiser« kamen sie für 30 Pfennig die Nacht unter, bekocht von meiner Großmutter. Private Gäste ohne äußeren Anlass zu erwarten, zu beköstigen, zu beherbergen kam den Gaienhofenern nicht in den Sinn. Wozu auch? Dafür hätte es Muße und ein Sich-Einlassen gebraucht, für solche Anwandlungen hatte man hier im Alltag nun wirklich keine Zeit übrig.

In Berlin und anderswo gehörte es dagegen zum Leben des städtischen, intellektuellen Bürgertums dazu, in den repräsentativen und geräumigen Häusern aufwendige Gesellschaften zu geben. Man lud zum Tee am Nachmittag, Hauskonzerte waren üblich. Diese großen Einladungen waren nur zu leisten, wenn es entsprechendes Personal gab, das Arbeiten wie Betten beziehen, Essen kochen und servieren, Tische eindecken und anderes unauffällig bewerkstelligte. Gäste zu haben war eine Gesellschaftsleistung, die ihren Höhepunkt in der Salonkultur vor 1900 erreichte.

Besonders Mia war dank ihrer großbürgerlichen Herkunft seit frühester Kindheit sicheren Fußes auf dem gesellschaftlichen Parkett unterwegs. Die Bernoullis und die anderen Familien vom »Basler Daig« gaben regelmäßig große Gesellschaften und Bälle. Man traf Gleichgestellte und -gesinnte, tauschte sich aus, nutzte die Konversation im begleitenden Rahmen etwa eines Diners zum Informationsaustausch, zur Sympathiepflege, auch als Heiratsbörse. Wie den über hundert Namen aus Mia Hesses Briefen an ihren Mann zu entnehmen ist, hatte sie einen ausgedehnten Freundes- und Bekanntenkreis aus der Basler Gesellschaft, zu dem Ärzte, Musiker und Kunstmäzene gehörten. Als unverheiratete Frau übte sie zusammen mit ihrer Schwester Tuccia die daheim erlernte Gastlichkeit: Im eigenen Basler Fotoatelier etablierten sie *jours*, man trank Bowle und nahm *biscuits* dazu. Diese Ereignisse fanden zu einem bestimmten Tag zur selben

oben Welche der zahlreichen illustren Gäste zogen sich hinter diesen Türen zurück?

Stunde statt, man kam einfach umstandslos dazu, in der Erwartung, vielleicht einen Klavierabend zu erleben oder auch eine Lesung. So traf Mia auf Hermann Hesse, der anlässlich eines solchen Abends aus seinem noch recht dünnen Werk vorlesen durfte.

Auch Hermann Hesse hatte einschlägige Erfahrungen mit Gastlichkeit: Insbesondere im Gundert'schen Großelternhaus erlebte er eine reichhaltige und abwechslungsreiche Gastkultur durch eine Fülle internationaler Besucher, Dichter und Politiker. Später, als junger Mann mit einer Tendenz zum Grübeln und Einzelgängertum, unterhielt er immerhin Freundschaften zu ehemaligen Mitschülern und gehörte zum *petit cénacle*, wie sich sein Freundeskreis aus der Tübinger Zeit nannte. Man traf sich zu Ausflügen in die Natur, zum Zechen am Abend, zum Diskutieren. Das gemeinsame Mahl in der eigenen Bude kam wohl nicht vor, das war nicht üblich. Ich habe den Eindruck, dass dem eher spröden Einzelgänger Hesse der regelmäßige Briefwechsel mehr gelegen haben dürfte als der persönliche Besuch, so blieb ihm genug Luft zum Atmen.

♦

Wie war es nun, ganz zurückgezogen im Dörfchen Gaienhofen am Rande des Deutschen Reichs, sozusagen in der Fremde zu leben, ohne eine Nabelschnur in Form eines eigenen Telefons und zunächst auch ohne Freunde vor Ort? Wie lebte es sich mit der Briefpost als einziger Kontaktmöglichkeit? Allein von Hermann Hesse sind etwa dreitausend Briefe aus der Gaienhofener Zeit bekannt und auch Mia war eine eifrige Briefeschreiberin – ein beredtes Zeugnis darüber, wie wichtig den beiden der Gedankenaustausch und der Erhalt alter Freund- und Bekanntschaften war.

Die Entscheidung der beiden, hier leben zu wollen, war vor allem vom Wunsch geprägt, die so lang ersehnte Zweisamkeit endlich ausleben zu können. Allzu oft hatten sie sich zuvor in Basel dem gesellschaftlichen Druck beugen und ihre Zuneigung verstecken müssen. Als unverheiratetes Paar durften sie nicht öffentlich in Erscheinung treten, man bedenke: Eine Bernoulli poussiert mit einem Unbekannten, der auch noch um fast ein Jahrzehnt jünger war als sie! Der Skandal wäre nicht auszudenken gewesen. Die beiden wussten damit umzugehen: Mia schickte einmal eine Karte in französischer Sprache an Hermann, die einen gemeinsamen Treffpunkt in Karlsruhe benennt, wohl in der Hoffnung, dass weder der Postbote noch die Zimmerwirtin den Inhalt zu verstehen vermochte. Als endlich die Verbindung legitimiert war, sehnte sich das frisch gebackene Ehepaar danach, offen zusammenleben zu können. Mias Briefe, die sie vor dem Umzug nach Gaienhofen schrieb, geben Aufschluss über ihre große Hoffnung, dass alles gut werden würde, wenn sie nur endlich, endlich zu zweit wären und einander hätten. Das gemeinsame Erleben war zumindest für Mia von geradezu existenzieller Bedeutung. In dieser Gefühlslage hatte der Wunsch nach der Nähe zu Freunden nicht viel Raum.

Das Phänomen, sich selbst genug zu sein, begleitet viele Paare in der Anfangsphase ihrer Beziehung, bis sie dann merken, dass es der Anregung durch die Pflege von Freundschaften bedarf, um lebendig zu bleiben und nicht in der Zweisamkeit zu vereinsamen. Freundschaften tragen mit, nähren und bereichern und sorgen so für Anregungen und neue Sichtweisen im Leben. Für das junge Paar Hesse stand zunächst das Ankommen in Gaienhofen auf dem Plan, der Umzug musste bewältigt und alles Neue und Schöne aufgenommen und der beginnende, nun gemeinsame Alltag organisiert werden.

Natürlich hat Hesses Meldung des Umzugs an Freunde, verbunden mit einer enthusiastischen Beschreibung des neuen Wohnorts, Neugier ausgelöst. Erste Gäste wurden im gemieteten Bauernhaus vorstellig, um das junge Paar in seinem Glück in Augenschein zu nehmen und mit ihm die neue schöne Landschaft zu erkunden. Kein Geringerer als Stefan Zweig suchte Hermann Hesse ein Jahr nach dem Einzug auf, bei der Begrüßung an der Schwelle zu dessen Arbeitszimmer stieß sich der Unglückliche an der niedrigen Türschwelle derart den Schädel, dass er schier ohnmächtig zu werden schien. Auch der betagte Bauerndichter Christian Wagner aus Warmbronn, der von Hesse besonders unterstützt wurde, fand den Weg nach Gaienhofen. Der Schriftstellerkollege Emil Strauß, der einen nicht unwesentlichen Einfluss auf die Entscheidung für den neuen Wohnort gehabt hatte, indem er Mia bei der Suche nach einer Wohnstätte behilflich gewesen war, wohnte gleich auf der anderen Seeseite und wurde oft bei Hesses gesehen.

Das Gerücht, dass die sogenannten Sonnenbrüder – »hagere, langhaarige Jesusgestalten mit Bart, Ledersandalen und wallendem, bodenlangem Hemd«, wie sie Ludwig Finckh beschrieb [22] – bei Hesse vorstellig wurden, scheint unwahrscheinlich. Bis heute hält sich die Vorstellung, dass Gusto Gräser, der Mitbegründer der fundamentalistischen Reformkuranstalt Monte Verità bei Ascona, und seine Gefolgschaft Einkehr bei den Hesses gehalten und Hermann von ihrer Idee überzeugt hätten, sodass dieser schließlich 1907 auf den Monte zur Kur ging. Wäre es tatsächlich so gewesen, hätten gewiss die Dörfler hinter vorgehaltener Hand über diese seltsamen Gäste im Nachthemd getuschelt, so etwas hatte man hier noch nie zuvor gesehen, aber man wusste ja schon, dass es mit dem Hesse seltsam zuging: Dem wachsamen Blick des Dorfes war nicht entgangen, dass er unten am See nackt zu baden pflegte, was den Einheimischen niemals in den Sinn gekommen wäre.

♦

Der Arzt Ludwig Finckh, der Hesse zu jener Zeit besonders nahestand, folgte ihm ein Jahr nach dessen Umzug nach Gaienhofen: Die beiden hatten sich in Tübingen kennengelernt und auch Finckh wurde schließlich Schriftsteller. Der »Rosendoktor«, benannt nach seinem ersten und wohl einzig bekannt gebliebenen Werk, ließ sich vom gleichen Architekten ein Haus bauen und verließ im Gegensatz zu Hesse bis zu seinem Tode 1964 Gaienhofen nie. »Ugel«, so nannte Hesse ihn, war in der Gaienhofener Zeit ein Kumpan bei den Streifzügen durch Wälder und Wiesen, bei den Besuchen bei dem Maler Bruno Goldschmitt in Berlingen, von dem heute ein Gemälde hier im Speisezimmer des Hauses hängt, dem Historiker Eduard Heyck in Ermatingen oder beim Maler und Holzskulpteur Max Bucherer, der schließlich auf Hesses Betreiben Kunstlehrer an der Reformmädchenschule in Gaienhofen wurde. Emanuel von Bodman und Wilhelm von Scholz gehörten ebenfalls zum Freundeskreis, wie Finckhs Aufzeichnungen zu entnehmen ist. Es war ein sorgloses Genießen und Dahintreiben in der Schönheit dieser paradiesischen Landschaft. Erst viel später gab es ein unkittbares Zerwürfnis, weil Finckh sich allzu nah dem Nationalsozialismus mit seinem Rassedenken angeschlossen hatte. Die Freundschaft zerbrach daran.

Der stetig vorbeiziehende Strom an Freunden litt allerdings an einem Nachteil, der die Verweilzeit der Besucher drastisch einkürzte: Es ging eng im gemieteten Häuschen zu und es gab kein freies Zimmer, wo ein Gast nach langwieriger Reise hätte übernachten können. Entweder kam der Freund woanders unter oder er musste am gleichen Tag wieder heimkehren, was einer Zumutung gleichkam. Der in seinen eigenen Wänden stets ruhebedürftige Hermann Hesse schätzte kurze intensive Begegnungen mehr als zeitlich ausufernde Begegnungen ohne Rückzugsmöglichkeit, Mia dagegen hätte allzu gern mal eine ihrer Schwestern oder Freundinnen aus der Basler Zeit länger um sich gehabt. Daher hielt sie es so, dass sie regelmäßig den erstgeborenen Sohn Bruno reisefertig machte und mit ihm per Zug via Steckborn und Schaffhausen für mehrere Tage nach Basel fuhr. Dort hatte sie alle wieder um sich, die sie schätzte.

♦

Es dürfte also Mia Hesses Initiative gewesen sein, dass nach drei Jahren im kleinen, einfachen Bauernhaus beim Bau des neuen Hauses gleich zwei Gästezimmer in den Plan aufgenommen wurden. Kühn und selbstbewusst stellte sie während der Hausplanung ihren Wunsch nach Gastlichkeit und Austausch mit Freunden als gleichwertig neben die Bedürfnisse ihres Mannes. Was mag Hermann gedacht haben, als er feststellen musste, dass diese Gästezimmer auf gleicher Ebene wie sein Arbeitszimmer sein würden und dieses sogar flankieren sollten? Man spürt förmlich sein sperriges Naturell. Wie Mia ihrem Mann diesen Plan wohl verkauft hat? Um ihm die Raumaufteilung schmackhaft zu machen, dürfte sie Hermanns liebste Freunde, wie etwa Otto Blümel aus München, als mögliche Gäste in Aussicht gestellt haben. Aus seiner eigenen Familie wird sie beispielsweise die besonders geliebte Schwester Adele als Übernachtungsgast ins Feld geführt haben.

Und dann kam doch alles anders als geplant. Nach dem Einzug ins neue Haus wurden die Zimmer umgewidmet. Der großzügige Raum ganz vorn im Flur des Obergeschosses, der ursprünglich als gemeinsames Schlafzimmer gedacht war, wurde zum Gästezimmer – hell, groß, mit Seeblick und Zugang zum Balkon. Das geplante Gästezimmer direkt neben Hesses Arbeitszimmer, das einen atemberaubenden Blick auf den See und den Bergrücken des gegenüberliegenden Kantons Thurgau samt dem Städtchen Steckborn mit mittelalterlichem Turmhof und strengem Kirchturm bietet, wurde Hesses persönliches Schlafzimmer. Warum dieses Bäumchen-wechsel-dich-Spiel? Mit dieser Aufteilung bot das große Gästezimmer den größtmöglichen Abstand zum Hausherrn auf dieser Etage und sicherte ihm damit die unter den Gegebenheiten maximal erreichbare Störungsfreiheit. Er konnte nun auch unbemerkt vom Rest des Hauses und von möglichen Gästen zwischen seinen beiden Zimmern hin und her passieren, wann es ihm beliebte und ohne Rücksicht nehmen zu müssen. Auch das Ankleidezimmer, eher ein begehbarer Kleiderschrank mit eigenem Fenster und mit einer Tür zum Flur, war nun leichter erreichbar. Das zweite Gästezimmer, weiter vorne im Flur, war ein kleiner Raum mit einfachem Fichtendielenboden. Wand, Holzrahmen des Fensters und die Tür des eingebauten Schranks waren in lichten Blautönen gehalten. Der Ausblick ging nicht auf den See, sondern in die Weinberge, das musste genügen. Dafür war das Bad gleich über den Flur zu erreichen. Irgendwann wurde zwischen diesem Raum und dem ehemaligen Ankleidezimmer die Wand abgetragen. Lediglich eine geschickt unter die Schräge der Dachgeschosstreppe eingepasste kleine Schranktür mit dahinterliegenden Holzbrettern erinnert noch an die durchdachte Nutzung als Ablagefläche für die damaligen Gäste.

Auch wenn sich Hermann Hesse mit der Wahl seiner beiden Räume so weit wie möglich vom

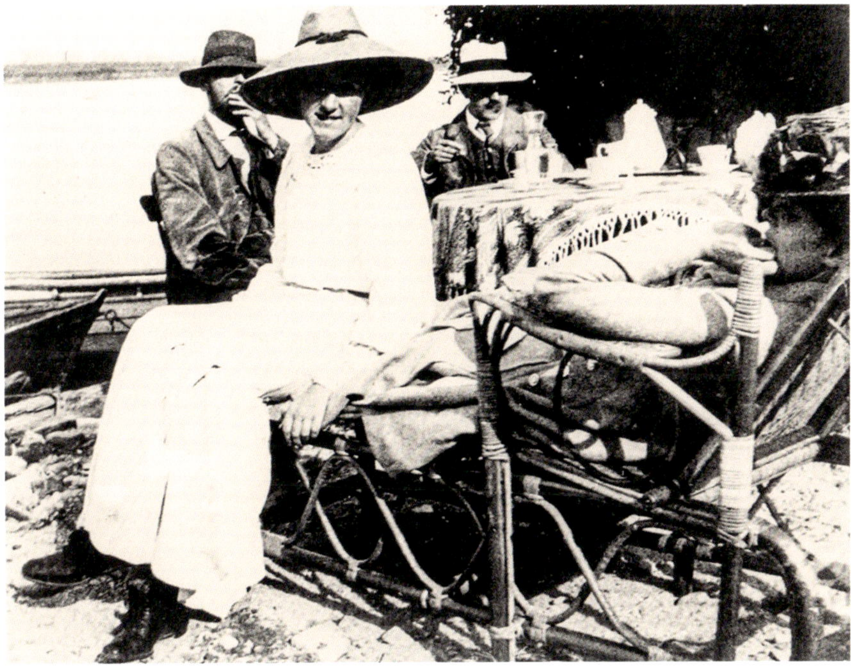

oben Das Haus Hesse in den 1940er-Jahren, als die Familie des Malers Walter Waentig dort lebte.

unten Ausflug nach Gottlieben 1907, abgelichtet von Mia Hesse. Hermann Hesse rauchend links im Hintergrund, vorne Emanuel von Bodman und Grete Gulbransson.

links Schöne Handwerkskunst selbst in kleinsten Details wie hier im Übergang vom Holzwerk zur Zimmerdecke.

rechts Die Malergattin Lenore Waentig als Gastgeberin für ihre Pensionsgäste in den 1960er-Jahren.

Leben der anderen im Haus entfernt hatte, konnte er die gewünschte Ruhe auf »seiner« Etage wohl nur im Winter genießen. Denn wenn im Sommer die Gästezimmer vielleicht auch mal unbesetzt blieben, galt es ja immer auch, sich von einem bereits wieder abgereisten Besuch zu erholen oder sich mental auf den bevorstehenden vorzubereiten. Dagegen war im Winter nicht mit zusätzlichen Hausbewohnern zu rechnen. Die Anreise über die vereisten Sträßchen und Wege war in der kalten Jahreszeit so beschwerlich, dass niemand die Strapazen auf sich nehmen wollte. Im Herbst brach die Reisefreudigkeit der potenziellen Besucher regelmäßig mit dem ersten Nebel ab. Draußen wurde es ungemütlich und auch im Haus war es kühl und zugig. Die beiden Gästezimmer blieben bis zum Frühjahr verwaist und der Hausherr konnte sich ungestört seiner Arbeit widmen. Die Großzügigkeit des Speisezimmers im Erdgeschoss, zu groß für die kleine Familie und wie geschaffen für die freundliche Bewirtung von Gästen mit selbst geangeltem Fisch und Erträgen aus dem Garten, vermittelte im Winter Leere und Kühle.

Wie oft, wann und von wem die Gästezimmer frequentiert wurden, ist zwar nicht durch ein dokumentiertes Gästebuch belegt, doch sind die besonderen Besucher – zusätzlich zu den bereits genannten – aus der Briefkorrespondenz herauslesbar. Es kam der Verleger Albert Langen, der gemeinsam mit Hesse, Ludwig Thoma und Kurt Aram die sehr erfolgreiche Halbmonatszeitschrift *März* herausgab. Er wollte nichts unversucht lassen, Hesse an seinen Verlag zu binden, doch Hesse blieb dem S. Fischer Verlag treu. Da half auch nicht das besondere Geschenk Langens: Er ließ eine Aufnahme vom »Haus Hesse« als Postkarte auflegen und beschenkte vermutlich den Hausherrn mit einer unbekannten Auflagenhöhe. Diese Postkarte ist heute eine der wenigen Quellen, die zeigen, wie damals Haus und Garten aussahen.

Hesse nutzte sie noch lange für seine Depeschen, auch nachdem er das Haus schon verlassen hatte. Der nachfolgenden Hauskäuferin, Clara Auffermann, hatte er offenbar einen Teil davon überlassen, es tauchen noch immer von ihr geschriebene Karten aus der Gaienhofener Zeit auf.

Es kamen aus München Olaf Gulbransson und seine Frau Grete an den See, sie verbrachten gleich einen ganzen Sommer mit Mia und Hermann Hesse. Die Freundschaft war eng – eine Fotografie zeigt Hermann Hesse mit seinem Freund im Ruderboot auf dem Wasser, offenbar fand die Aufnahme Eingang in das persönliche Fotoalbum, denn sie ist von Hesses Hand mit »Mit Olaf die Ringelnatter verfolgend« untertitelt. Ein weiteres Bild zeigt die Herrschaften sehr entspannt in einer Restauration am See sitzend. Offenbar konnten auch die Frauen etwas miteinander anfangen, man verstand sich und ließ es sich gut gehen. Und doch – auch wenn die Gäste geschätzte Zeitgenossen waren, mussten sie den ganzen Tag von ihren Gastgebern versorgt und unterhalten werden.

Als nach nur wenigen Jahren das rauschhafte Erleben des Paradieses einer Ernüchterung wich, dürfte beim Hausherrn die ständige Anwesenheit von Gästen ein zusätzlicher Störfaktor gewesen sein. So mancher Gast wurde ausquartiert und fand Unterkunft beim Schneidermeister Köpfler. Dieser hatte sich vom selben Architekten ebenfalls ein prachtvolles Haus bauen lassen, nur einen Steinwurf von den Hesses entfernt. Über einen kleinen Wiesenpfad und Hesses Garten waren die beiden Häuser miteinander verbunden. Meister Köpfler war es auch, der Hesses Tropenanzüge für die Indienreise nähte und Mias Küche mit Bienenhonig belieferte. Unter dem Dach seines Hauses richtete er ein Künstleratelier mit Übernachtungsmöglichkeit ein. Hesses Münchner Freund Otto Blümel war hier zu Gast, wenn sie bei Hesses feierten, auch Max Bucherer residierte hier lange.

oben Aus Hesses Fotoalbum: Hermann Hesse und Olaf Gulbransson »die Ringelnatter verfolgend«.

Der Gästebesuch ließ offenbar nach, als die Hesse-Familie wuchs und zwei, dann drei Kinder das Haus bevölkerten. Als der Hausherr, getrieben von seiner inneren Unruhe, immer häufiger das Weite suchte, nutzte Mia diese Zeiten des Alleinseins und lud ihre eigenen Gäste ein, namentlich ihre Schwestern. Diese fühlten sich nicht gestört durch die Lebhaftigkeit der Kinder. Bald pflegte Mia sie immer dann einzuladen, wenn ihr Mann verreist war. Dann störten die Gäste ihn nicht und ihre Einsamkeit wurde erträglich. Mias Briefe geben Auskunft darüber, dass die Schwestern miteinander musiziert haben, endlich mal wieder, und es genossen, in aller Ruhe umfassende Gespräche über alles Mögliche zu führen.

Es kam die Zeit, da die Familie Hesse dieses Haus aufgab und die Gartenbaumeisterin Clara Auffermann hier einzog. Das war 1912, bald zog der Erste Weltkrieg herauf und die wirtschaftliche Lage erschwerte sich für die neue Besitzerin wie für fast alle anderen auch. Im Zuge der Not kaufte sie in der Umgebung Land dazu, baute Gemüse an und verdiente ihren Lebensunterhalt durch den Verkauf der Ernte an Konservenfabriken – darunter an die Firma Maggi, die noch heute in der zwanzig Kilometer entfernten Stadt Singen ansässig ist. Familie Finckh machte es übrigens genauso, um in dieser Notzeit zu Geld zu kommen. Es wundert nicht, dass aus dieser Zeit der Entbehrungen keine Zeugnisse für das Willkommenheißen und die Bewirtung von Gästen erhalten sind. Man hatte andere Sorgen, als Gäste zu umsorgen, es ging um das nackte Überstehen der Kriegs- und Nachkriegsjahre.

Erst mit einem erneuten Besitzerwechsel änderte sich das. Der Maler Walter Waentig und seine Familie pflegten ab 1922 wieder eine nennenswerte Gastkultur. Er kaufte Haus und Garten in einer Zeit großer wirtschaftlicher Unruhe, es war kurz vor der Hyperinflation 1923, in der man mit wertlos gewordenen Geldscheinen die Wände tapezieren konnte. Waentig war dank seiner Herkunft finanziell gut ausgestattet, was ihm noch rechtzeitig den Kauf des ehemaligen Hesse-Hauses ermöglichte. Jeder versuchte, so schnell wie möglich sein Geld in Immobilien zu stecken, um sein Erspartes zu sichern. In dieser Zeit begann auf dem Nachbargrundstück die Stuttgarter Familie Opitz mit dem Bau eines Hauses, das es heute noch gibt und das mit dem Hesse-Haus die letzte intakte Sichtachse gen Westen bildet. Die Tochter Margret Opitz berichtete mir, dass damals mit jedem Tag das Haus kleiner geplant werden musste, da die Geldentwertung derartig rasch voranschritt.

Auch für Walter Waentig wurde es schwierig. Da in unsicheren Zeiten niemand Gemälde kauft, brach ihm seine Einkommensquelle weg. Der Garten musste die Familie ernähren, und wer weiß, ob der Maler gezwungen war, einige seiner Werke gegen Eier und Gemüse den Bauern zu überlassen. Doch es reichte hinten und vorne nicht. Um das Haus unterhalten und die Familie ernähren zu können, musste eine weitere Lösung her: Walter Waentig und seine Familie überließen gegen Mietzins einige Zimmer an Gäste. Dabei entwickelten sich niemals dauerhafte Mietverhältnisse, sondern es blieb ein Phänomen des Übergangs, bis für die Beteiligten wieder bessere Zeiten kamen. Diese Strategie sollte sich zu einer bewährten Lösung in allen kommenden Notzeiten entwickeln.

♦

Ausgesuchten Bewohnern gegen Miete ein Zimmer zu überlassen ist etwas anderes als eine ausschließlich gebende und nährende Gastkultur, es erzeugt eine eher unfreiwillige Gemeinschaft. Die Menschen, die zu den Waentigs kamen, waren allerdings keine ganz Unbekannten. Man hatte einander zuvor schon, in besseren Zeiten, kennengelernt und konnte davon ausgehen, dass es sich miteinander unter einem Dach aushalten ließ. Ein besonders schillernder Gast, der vorübergehend hier im Haus gewohnt haben soll, war Walter Andrae nebst Frau.[23] Er hatte sich weniger als Architekt, seinem Brotberuf, einen Namen gemacht, sondern kam zusammen mit Robert Koldewey als Ausgräber von Babylon und Assur zu Ruhm. Vermutlich hatte er Waentig in der Dresdner Ausbildungszeit kennengelernt, beide waren künstlerisch tätig, es gab also Gemeinsamkeiten, man muss sich verstanden haben.

Die Zeit zwischen den Weltkriegen war kurz, ab 1936 begann wieder eine schwierige Zeit. Gäste zu beherbergen war kein Selbstzweck, sondern freundschaftliche Verbindungen dienten dazu, sich gegenseitig zu helfen, wo es ging. Verfemte Künstler suchten nun die Nähe der Schweizer Grenze, um sich gegebenenfalls rasch absetzen zu können. »Aus politischen Gründen«, so kann man es in den biografischen Daten nachlesen[24], zog der Künstler Walter Eberhard Loch, WEL genannt, mit seiner Frau 1932 auf Einladung von Waentig als Dauergast in das Hesse-Haus und blieb bis 1939. Die Familie bewohnte offenbar die obere Etage, also Hesses ehemaliges Schlafzimmer, sein Arbeitszimmer mit dem geräumigen Balkon sowie die beiden Gästezimmer. Waentigs begnügten sich in dieser Zeit mit der unteren Etage. Es gibt eine unbeschwert erscheinende Ablichtung von 1936, welches das Ehepaar Loch im Kreis von Freunden auf »ihrem« Balkon des Hauses bei Kaffee und Kuchen zeigt.

Dem Ehepaar Loch ging es vergleichsweise gut, sie konnten den Mietzins dank ihrer Lehrtätigkeit als Lehrer und Lehrerin in der Gaienhofener Mädchenschule gut aufbringen. So war auch für den Vermieter Waentig für regelmäßige Einkünfte gesorgt. WEL malte in der Zeit aus Zeitvertreib ebenso Haus und Garten – auch dies sind heute wichtige Quellen dafür, wie es damals rund um das Gebäude ausgesehen hat. Den Erinnerungen des ehemaligen Museumsleiters in Gaienhofen zufolge muss noch ein Gästebuch aus der Ära Waentig existieren, doch wo sich dieses Dokument befindet und ob es überhaupt erhalten ist, ist derzeit unklar.

♦

Nach Ausbruch des Zweiten Weltkriegs wurde es noch schwieriger. Die Halbinsel Höri bevölkerte sich mit weiteren Zuzüglern, die in ihren Heimatorten durch politische Verfolgung oder Bomben gefährdet waren. Hier in der Grenznähe verlief auch in Kriegszeiten das Leben still und unauffällig, die alliierten Flieger konnten den genauen Grenzverlauf zwischen der Schweiz und Deutschland nicht ausmachen – noch heute weiß man bei Spaziergängen auf dem Schienerberg manchmal nicht, ob man gerade deutsches oder Schweizer Gebiet quert.

Die Eremitage Hesse-Haus bewährte sich. In dieser Zeit kreuzte sich erneut das Leben meiner Familie mit dem seiner Bewohner: Meine Mutter, entnervt durch den ständigen Bombenhagel, der auf Freiburg im Breisgau fiel, zog auf der bombensicheren Höri vorübergehend bei Waentigs ein – mein Vater brachte sie dort unter, um dann gleich wieder weiter in den Krieg zu ziehen. Meine Eltern sprachen später nie über diese Zeit. Einmal fand ich eine Aufnahme in einem alten Album, sie zeigt meine Mutter im Garten des Hesse-Hauses, zu ihren Füßen meine Schwester, vielleicht zwei Jahre alt, mich gab es noch nicht. Leider lebten beim Fund mein Vater und meine Mutter schon nicht mehr, wie die Lebensumstände damals waren, wird ihr Geheimnis bleiben.

oben Der Künstler W. E. Loch und seine Frau mit Kaffeegästen auf dem Balkon »ihrer« Wohnung im Haus Hesse, um 1936.

oben Blick auf die Fenster des Gästezimmers im ersten Geschoss und der Magdkammer oben unter dem Dach.

rechts Ein heißer Sommertag am Haus, doch das grüne Pflanzenkleid sorgt für Kühlung.

Die Verbindung meiner Mutter zu Lenore Waentig blieb zeitlebens bestehen, oft besuchte sie sie in Gaienhofen. Doch aufgrund der unterschiedlichen Lebenswege nach dem Krieg kam es nicht zu mehr Gemeinsamkeiten. Lenore Waentig begann, die kleine Pension »Haus am Erlenloh« zu führen. Nun waren es nicht mehr entfernte Bekannte, sondern wildfremde Menschen, mit deren Beherbergung sie ihren Lebensunterhalt sicherte. Die fünf bereitgestellten Zimmer – die obere Etage und das ehemalige Kinderzimmer – wurden mit Waschbecken ausgestattet. Der einzige Raum, der Lenore Waentig zum privaten Gebrauch blieb, war, wie bereits geschildert, das Zimmer Mia Hesses, das nur über den öffentlichsten aller Räume, den Speisesaal, betreten werden konnte.

Große Sprünge konnte sich Lenore Waentig nicht leisten, denn das Spätwerk ihres Mannes war auf dem damaligen Kunstmarkt nicht mehr gefragt. Weil umfassende Reparaturen des Hauses nicht möglich waren, blieb das Haus weitgehend im Originalzustand und überdauerte die Jahrzehnte nach dem Krieg unbeschadet durch unsensible Modernisierungen. Der idyllische Zustand und die Geschichte des Hauses zogen weiterhin kultursinnige Urlauber an, es entwickelte sich ein fester Bestand an treuen Gästen, die das Haus im Sommer bevölkerten und besonders den hauseigenen Badestrand zu schätzen wussten. Erst etwa 1990 stellte Lenore Waentig aus Altersgründen den Betrieb ein. Das Haus verwaiste, die Zeit der freiwilligen und später der unfreiwilligen Gastlichkeit war vorbei.

Nach langer Ruhephase wurde es wieder anders. Die Pläne für den Abriss des Hauses lagen schon auf dem Tisch, als es uns 2004 gelang, das Anwesen zu kaufen und zu erhalten. Es ging uns so wie den Hesses 1907: Alle aus unserem ausgedehnten Freundeskreis wollten sehen, wo wir jetzt wohnen, wie es sich hier lebt. Ausschweifende, glückliche Gelage an langen Tischen im Garten hielten nun wieder Einzug, genauso wie liebevoll zubereitete Menüs im Speisezimmer des Hauses, Grundlage guter Gespräche im Kreis lieber Freunde. Die Gästezimmer luden wieder zum Übernachten ein, man konnte sich wieder in das Haus versenken, alle Geräusche, Tages- und Nachtstimmungen auskosten.

Zu den Übernachtungsgästen aus dem Freundes- und Bekanntenkreis kommen die vielen Besucher, die im Rahmen einer Führung die Räume des Hauses eine Stunde lang besichtigen, um sich ein Bild von der Lebensart und den Ereignissen vor hundert Jahren zu machen. Auch sie spüren instinktiv die einladende Fülle des Hauses, die Schönheit und atmosphärische Dichte, es fängt in ihnen sichtbar an zu arbeiten, ob und wie sich etwas von dieser Qualität in ihren eigenen vier

Wänden einbringen ließe. Dies ist das Besondere am Haus: Nicht nur die Besucher, die ein Band der Freundschaft hierhergeführt hat, auch die Tagesgäste fühlen sich hier willkommen. Das liegt nicht nur daran, dass während der Führungen für jeden ein liebevoll ausgewähltes Getränk bereitsteht, begleitet von selbst gemachten Kleinigkeiten, sodass man gestärkt den Ausführungen zu Haus und Garten folgen kann. Das Wohlgefühl der Gäste liegt auch an der Ausstrahlung des Hauses selbst.

Oft werde ich gefragt: Warum öffnet meine Familie dieses Haus bereitwillig und gastlich, statt die Türen zu schließen und den Reichtum des Hauses in Ruhe und ganz für sich zu genießen? Diese Frage zeigt, wie selten und ungewohnt eine private gastliche Kultur geworden ist, wohl aus Mangel an Zeit oder Übung. Das freundliche Willkommenheißen von geladenen Gästen und das Teilen mit ihnen ist nicht mehr selbstverständlich. Doch hier im Haus soll die Gastlichkeit ein wesentlicher Bestandteil des Lebens sein, so wie es von Anfang an beabsichtigt war und auch die meiste Zeit seiner Geschichte gehandhabt wurde.

◆

WOVON ERZÄHLEN HÄUSER?

Zwischen Beliebigkeit und Gestaltungswille

♦

»Wenn man zuschaut, was so durchschnittlich in Land und Stadt zusammengebaut wird (…), so ist es leicht, seine Entrüstung zu äußern und zornig auf das gute, feine, wohltuende Aussehen alter Gassen und Bauten hinzuweisen. (…) Die Baumeister sind entweder gerissene Techniker und Rechner, die lediglich aufs Nützliche gehen (…); oder sie sind träumende Künstler, die über ein Braun des Anstrichs in der Küche acht Tage sinnen, schließlich aber den Abort oder Wasserablauf vergessen.«

Hermann Hesse, Brief an Reinhold Geheeb, 4.4.1909

Wohnqualität bedeutet Lebensqualität

Seite 146 Das Mia- und Hermann-Hesse-Haus ist bis zum heutigen Tag eingebettet und umhüllt vom Grün des Gartens, so wie es sich Hermann Hesse gewünscht hatte.

rechts Die Nordseite des Hauses mit schattenspendenden Kastanien.

Häuser sind Schutzorte, sie sind Exoskelette für die Menschen, die sie bewohnen. So wie ein Panzer die Schildkröte vor äußeren Gefahren abschirmt, so bewahrt ein Haus seine Bewohner vor Hitze und Kälte, vor Witterung und Gefahr. Diese reine Funktion ist aber nur ein kleiner Ausschnitt dessen, was das Zusammenspiel von Haus und Mensch ausmacht. Vieles kommt hinzu, was nicht mess- und sichtbar ist: Ein Haus ermöglicht Privatsphäre und Individualität, denn in ihm kann man sein, wie man will. Es schenkt Zeiten der Ruhe, bevor es wieder hinaus geht, wo andere, verbindlichere Regeln gelten. Nicht zuletzt findet hier Geschichte statt, im Schutz der vier Wände werden weitreichende Entscheidungen getroffen, Kinder großgezogen und Familienfeste gefeiert; es gab einmal eine Zeit, in der man in ihm auch geboren wurde und darin starb. Kurz: Ein Haus verankert eine Familie in der Welt und gibt ihrem Leben einen Rahmen. Den Hesses ist es noch gelungen, sich ein Haus quasi auf den Leib schneidern zu lassen. Die Aufbruchstimmung der Reformzeit bot ihnen eine breite Palette an Möglichkeiten und innovativen Materialien und Techniken. So vereint ihr Haus experimentierfreudig das Bewährte mit den damals neuesten Erkenntnissen. Klassische, über Jahrhunderte bewährte Holzdielen finden sich im Hesse-Haus ebenso wie das zu jener Zeit brandaktuelle Linoleum; mit handgezogenem Schindelwerk verkleidetes Fachwerk korrespondiert mit dem Kellersockel, dessen Material Stampfbeton der ersten Generation ist. Bei der Renovierung staunte ich über die soliden Fertigbauwände aus Schilfrohrmatten, ebenfalls eine Neuerung im damaligen Hausbau, beidseitig beworfen mit Speis und mit den Händen aufgeraut, damit der Kalkputz hielt, und auch über die nach neuesten psychologischen Erkenntnissen zusammengestellten Farbtöne, die die Farbgebungen der Bauhaus-Zeit vorwegnahmen. Wie oft mögen sich Hermann und Mia Hesse gemeinsam mit ihrem Architekten über die Pläne gebeugt haben, immer wieder überdenkend, abwägend, reflektierend? Das Ergebnis dieser Innenschau der zukünftigen Bewohner war eine gelungene Vermählung von Tradition und Neuem – und ein einzigartiges Bauwerk, das zu seinen Besitzern passte: einem einzigartigen Schriftsteller, seiner außergewöhnlichen Frau und ihren Kindern. Wie wir gesehen haben, hat sich manches in der Praxis anders offenbart, als es in der Theorie gedacht war, dafür hat nicht zuletzt die Tatsache gesorgt, dass Menschen sich weiterentwickeln und das Leben nicht immer so fortschreitet, wie man es sich vorgestellt hat. Doch die Ästhetik dieses schon betagten Hauses ist davon unberührt, sie ist so zeitlos, dass sie bis heute Gültigkeit hat.

Liegt der Erfolg etwa nur darin begründet, dass die Hesses vom Vermögen von Mias Vater profitieren konnten? Doch diese Erklärung wäre nur ein Deckmäntelchen, unter dem sich eine eigene Unentschlossenheit kaum verbergen könnte. Denn auch wenn Hermann Hesses Schwiegervater das Geld für den Hausbau vorstreckte, es ist ja doch nie genug davon da. Das kennt jeder

Bauherr: Irgendwie bewegt man sich ja immer am oberen Limit (und darüber hinaus), ganz gleich, ob der finanzielle Rahmen bei 150.000 oder 1,5 Millionen Euro liegt. Auch Familie Hesse rang hier in Gaienhofen vor über 120 Jahren damit, den Spagat zwischen persönlichen Wünschen und Bedürfnissen auf der einen Seite und den Baukosten auf der anderen Seite zu schaffen. Sie waren zwar im Vergleich zu den Einheimischen vermögend, doch auch ihr Kreditrahmen war begrenzt. Hermann Hesse hat noch jahrelang seine Schulden bei seinem Schwiegervater abbezahlt. Trotzdem hat das Ehepaar nicht an Handwerkskunst oder Material gespart. Eine hohe Qualität in der Ausführung war ihnen wichtig. Das gehörte zu ihrem Selbstverständnis, außerdem war zu dem Zeitpunkt geplant, bis zum Ende des Lebens, »für die Ewigkeit«[25], wie Hesse es beschreibt, hier sesshaft zu werden.

Mein Faible für Häuser mit Geschichte wurde mir von früh auf mitgegeben. Ich wohnte mit meiner Familie nie in Neubauten, und die Menschen, die meine Kindheit begleiteten und mir lieb wurden, auch nicht. Hastig und billig hochgezogene Zweckbauten haben mich nie »verinnerlicht« – und ich deshalb sie auch nicht. Sie fanden keinen Zugang zu mir. Vielmehr schärfte sich von früh auf mein Blick für Altbauten. In den Sechzigerjahren wurden so viele von ihnen leichtfertig abgerissen! Es ist ein trauriges Kapitel: Nicht der Zweite Weltkrieg hat in den meisten Städten die umfassendsten Zerstörungen angerichtet, sondern die Abrissbirnen der darauffolgenden Zeit. Als junge Frau bewunderte ich

links Die Hausfassade in den Farben des Seewassers, dem Bleichrosa des frühen Morgenhimmels und im Grau des Bodensee-Molasse-Sandsteins.

die Schönheit der geschnitzten Holz-Palmetten an den Niedersachsenhaus-Giebeln, fand Reetdächer unwiderstehlich, bewunderte in Süddeutschland alte Kastenfenster, suchte und fand berührende Details auch in Berliner Hinterhöfen und lernte Blausteinböden zu lieben. Ich begann, Häuser als Persönlichkeiten zu empfinden, die den Gestaltungswillen seiner Bewohner speichern und spiegeln.

Mit diesen Vorlieben wurde ich lange Zeit als Exotin mit einem Hang zum Gestrigen belächelt, doch ich stand das durch. In mir entwickelte sich allmählich ein lichter Traum: Ich wollte einmal in einem alten Haus leben, umgeben von einem schönen, alten Garten. Nichts anderes kam in Frage. Es hätte auch ein anderes Haus als das der Familie Hesse sein können. Doch dieses Haus in Gaienhofen kam gerade zur richtigen Zeit in meinen Blick. Es zeichnete sich gerade der Verlust des Ferien-Elternhauses am See ab und mir war klar geworden, dass ich meinen Ankerpunkt am Bodensee, meiner zweiten Heimat, verlieren würde. Wie nebenbei drängten sich immer wieder Meldungen in mein Bewusstsein, dass dieses wunderbare Hesse-Haus abgerissen und mit einer jener unbedeutenden Ansammlung von Wohneinheiten überbaut werden sollte, die die Dörfer und Städte so gleichförmig macht. Irgendwann fügten sich die Teile zusammen, es war mehr eine Instinkthandlung als ein bewusster Akt: Das Hesse-Haus durfte nicht ausradiert werden, gleichzeitig würde der Erhalt dieses Hauses meine Chance sein, meinen Lebenstraum zu verwirklichen, und drittens würde ich den mir wichtigen Bezug zu Gaienhofen nicht verlieren. Wer kennt nicht das Gefühl, genau das Richtige zu tun, wenn man eine Bauch-Entscheidung mit großer Tragweite trifft?

♦

Hermann Hesse wird überall in der Welt verehrt. Er steht für die Widersprüche, in die sich Menschen der Neuzeit verstricken, für Empfindsamkeit und Rastlosigkeit, für den Traum von einem sicheren Hafen und den unbändigen Willen nach Autonomie. Die zahlreichen Besucher des Hesse-Hauses begeben sich auf die Suche nach einer Verbindung zu ihm und zu seinen Werken, die ihnen oft als junge Erwachsene Orientierung gegeben haben. Als Ersatz für eine persönliche Begegnung mit dem Menschen Hesse möchten sie etwas über sein Familienleben erfahren und wissen, was ihm nahe war. Die Besucher betreten die Räume, die er bewohnte, erleben den gleichen Blick aus den gleichen Fenstern, den auch er erfasste, so wie er nehmen sie die knarzenden Böden im Haus wahr. In der Bibliothek, wo Hermann Hesse den größten Teil seiner Zeit verbrachte, steht auf einem Tisch ein Blumenstrauß, daneben liegt ein aufgeschlagenes Buch, eine Schale Äpfel verteilt ihren Duft durch den Raum, in dem alten Kaminofen brennt ein Feuer. Die Grenzen verwischen sich, man könnte den Eindruck haben, Hesse sei nur gerade aus dem Raum herausgegangen. In all den Jahren hatte ich keine einzige Gruppe, die ungerührt oder gar gelangweilt durch die Räume gegangen wäre.

Oft sind es die Jüngeren, denen nicht so sehr die literarischen Erfolge des Literaturnobelpreisträgers und der um ihn betriebene Kult imponieren, zu rigoros hat der Literaturbetrieb ihn auf ein unnahbares Leistungspodest gehievt. Sie finden den Zugang über einen anderen Weg. In diesem Haus nehmen sie die Normalität von Hermann Hesse als Familienmensch wahr: Schaut her, er ist ein Mensch, mit Macken und Problemen, genau wie ich selbst. Dies ist die Brücke, die ihn für sie greifbar macht. Sie überspannt ein ganzes Jahrhundert.

Hermann Hesse ist gegangen, seine Aura ist noch da. Aber wie ist das möglich? Die Hesses wohnten hier nur fünf Jahre, ein Bruchteil der

oben Das Fassadengrün nimmt dem Haus den Anschein des Fremdkörpers und lässt es mit dem Garten verschmelzen.

rechts oben Eine Anerkennung für die Bemühungen zur Rettung und Sanierung des Hauses vor dem Abriss.

rechts unten Das Haus ist auch im Wasserspiegel schön anzusehen.

Zeit, die das Haus bereits steht. Mir ist nicht bekannt, ob schon Clara Auffermann Besucher hatte, die Hesses ehemalige Wohnstätte sehen wollten. Doch für ihre Nachfolgerin Lenore Waentig ist verbürgt, dass es sie in den Sechzigerjahren kränkte, wenn wieder einmal ein Besucher vor der Tür stand, der Hesses Bibliothek sehen wollte, auch wenn sie längst zu einem Gästezimmer umfunktioniert worden war. Legendär ist ihr mit Nachdruck ausgesprochener Satz: »Dies ist länger ein Waentig-Haus als ein Hesse-Haus!«, mit dem sie so manchen Bittsteller von der Schwelle gewiesen hat. Rechnerisch gesehen hatte sie recht, aber die Besucher sehen das anders. Hermann und Mia Hesse haben dieses Haus gebaut, ihr Gestaltungswille hat es geprägt. All jene, die später kamen, Clara Auffermann und die Waentigs, haben das vorhandene Setting angenommen, sich in ihm eingerichtet und es weiter belebt. Sie hätten sicher auch unten im Dorf eine Bleibe gefunden, doch sie wählten dieses Haus, weil es ihren Wünschen und Vorstellungen entsprach. Als ab 2004 alle Überformungen, die nach dem Wegzug der Hesses hinzugefügt worden waren – unter anderem eine Garage, unzeitgemäße Bodenbeläge und Wände –, wieder entfernt wurden, kam das alte Hesse-Haus fast unbeschadet wieder zum Vorschein. Es ist die ganze Zeit da gewesen.

Hier oben auf der Anhöhe entstand 1907 ein in den Augen der Gaienhofener extravagantes Haus, in dem sich ein Sonderling mit seiner Familie abschottete. Jene, die der Familie Hesse als Hausbesitzer nachfolgten, behielten diesen Außenseiter-Status. Anders und unangepasst sein, dies blieb das Etikett für die jeweiligen Bewohner – nicht ganz zu Unrecht, denn es war ja eine bestimmte Klientel, die sich zu dem Haus hingezogen fühlte. Sie führten ein waches, aktives Leben mit eigenen Regeln, das kaum etwas gemein hatte mit dem von der Landwirtschaft bestimmten Alltag der Ansässigen. Die tüchtige Clara Auffermann aus Hameln, eine selbstständige, unverheiratete Frau, blieb ebenso fremd im Dorf, wie es schon die Hesses gewesen waren. Dann kamen aus dem ebenfalls weit entfernten Zittau der Maler Walter Waentig nebst Frau ins Haus, wieder eine Künstlerfamilie, die den Einheimischen sonderbar vorkommen musste. Und schließlich, in der jüngsten Zeit, kam ich selbst mit Familie aus Rhöndorf am Rhein und begann, Haus und Garten wiederherzustellen und zu beleben.

Gaienhofen beherbergt jedes Jahr Tausende Touristen, an Fremde ist man hier also mittlerweile gewöhnt. Das Hesse-Haus thront auch nicht mehr allein und weithin sichtbar über dem Dorf, um es herum ist längst ein dicht bebautes Wohnviertel gewachsen. Man könnte meinen, das Hesse-Haus wäre in seiner Umgebung aufgegangen. Ich brauchte eine Weile, um zu begreifen, dass ich die Macht des Hauses unterschätzt habe. In ihm kann wohnen, wer will, jeder wird von vornherein anders wahrgenommen als jene, die die in den weniger eigenartigen Häusern in der direkten Nachbarschaft wohnen. Da hilft auch nicht, dass meine Großeltern zu einer der alten Gaienhofener Familien gehörten und in diesem Landstrich tief verwurzelt waren. Zu weit hat sich mein Teil der Familie von diesen Wurzeln entfernt, bevor ich wieder hierherfand, um zu bleiben.

Auch dies steht in der Macht des Hauses: Es weist uns den Weg, uns nicht willenlos treiben

rechts Heute noch schön: Das Haus in Einheit mit dem umgebenden Garten strahlt Ruhe und Harmonie aus.

zu lassen, sondern Ansprüche an das Leben zu stellen und für deren Erfüllung die verfügbaren Kräfte einzusetzen. Seine eigentümliche Melange aus alt und neu, aus Genialität und Einfachheit setzt sich in der Wahrnehmung seiner Besucher fest und nährt ihre Sinne, sodass etwas Anderes, Neues, oft Kreatives mit ihnen geschehen kann. Viele fühlen sich ermutigt zu schreiben oder zu malen, andere erfahren emotionale Ausbrüche, sind gerührt und überwältigt. Mancher Teilnehmer der Führungen ging heim und sah das Haus seiner Kindheit fortan mit anderen Augen. Mein eindrucksvollstes Erlebnis war der Anruf einer Frau, die einer meiner Führungen durch das Haus gefolgt war. Einen Tag nach ihrem Besuch im Mia- und Hermann-Hesse-Haus rief sie mich an und sagte, sie habe die Abrissbirne für das Haus ihrer Großeltern abbestellt. Ihr Besuch in Gaienhofen habe ihr Mut gemacht, es wieder herzurichten. Es gibt allerdings auch andere Reaktionen, denn dieses so spezielle Haus vermag zu polarisieren. Eine Passantin, deren Spazierweg während der Sanierung im Jahr 2004 an dem eingerüsteten Haus vorbeiführte, formulierte es so: »Wegreiße' sollt' ma des G'lump!«

Und noch etwas Drittes bezeugt die Macht des Hauses: So wie ich das Haus besitze, besitzt das Haus auch mich. Ich sehe mich nicht als Eigentümerin von Fachwerk, Dielenbrettern und gut geplanten Einbauschränken, sondern als Statthalterin eines Erbes, einer Geschichte. Es ist die Geschichte der Hesses und ihrer Geisteshaltung, mit der sie sich ihr Haus bauten und prägten. Auf sie setzten sich sachte in den vergangenen Generationen wie der Puderzucker auf einen Kuchen noch weitere Geschichten: die des Sich-Behauptens gegen widrige Lebensumstände und auch die des Bewahrens und Erhaltens. Es braucht eine innere Haltung, die ständigen Mitbewohner Hermann Hesse, seine Frau Mia und die Kinder neben sich in diesem Haus zu achten und doch Raum für Eigenes zu beanspruchen. Ungefestigte Naturen könnten ins Wanken geraten, die eigenen Bahnen vollständig verlassen und von ihm aufgesaugt werden.

Es ist so wie in jeder guten Beziehung: Nie ist alles auserzählt. Dieses Haus hält noch immer Geheimnisse und Überraschungen bereit. Es hat zum Beispiel viele Jahre gedauert, bis mir klar wurde, dass es ein Haus der Frauen ist. Immer sind sie es gewesen, die dieses Haus gehalten haben. Lange Zeit war unbekannt, dass 1907 nicht Hermann, sondern Mia Hesse die treibende Kraft für die Entscheidung gewesen ist, nach Gaienhofen zu ziehen. Sie war auch diejenige, die maßgeblich an der Planung des mit dem Geld ihrer Eltern hier auf der Höhe gebauten Hauses mitgewirkt hat. Hermann Hesse scheint dem Haus nur ganz am Anfang verbunden gewesen zu sein. Nach Mia führte Clara Auffermann das Haus weiter – ganz ohne männliche Unterstützung. Später hielt Lenore Waentig jahrzehntelang als Witwe diesen Ort am dünner werdenden Lebensfaden, indem sie Zimmer an Pensionsgäste vermietete. Und nun bin ich an der Reihe und spinne den Faden dieses Hauses weiter, welches auf so magische und stille Weise ein Haus der Frauen ist. Es spricht uns etwas aus unserem tiefsten Inneren an, es hat wohl etwas mit der Kraft von Zyklen, Erhalten und Nähren zu tun. Dies ist der Kern dieses ganz besonderen Hauses am beschaulichen westlichen Ufer des Bodensees.

♦

EPILOG – DER UNIFORMKNOPF MEINES VATERS

In den ersten Jahren nach meiner Rückkehr nach Gaienhofen stieß ich, wann immer ich den Erdboden in Hermann Hesses Garten umgrub, auf Spuren der Vergangenheit. Zum Vorschein kamen neben den alten Wegfassungen auch verrostete Gartenwerkzeuge und andere entsorgte oder vergessene Dinge. Ich klaubte jede Tonscherbe, jedes Glasbruchstück auf, in der Hoffnung, dass sich aus ihnen eine Geschichte ablesen ließe, etwa so, wie Archäologen aus unscheinbaren Tonfragmenten Zeit und Herkunft herausdestillieren. Bald verfügte ich über eine ansehnliche Sammlung von großen Blumentopfscherben, Bruchstücken von Glaszylindern, die einmal die Flammen von Petroleumlampen geschützt hatten, Resten grün glasierter Ofenkacheln, verbogenen Metallresten und vielem mehr. Vieles fand ich auf den ehemaligen Gartenwegen, denn es war eine vor hundert Jahren übliche Methode, festen Abfall zu ihrer Befestigung und Stabilisierung zu verwenden. Manche Fundstücke ließ ich sogar einer Altersbestimmung unterziehen, um sicher zu sein, dass sie aus der Zeit Hesses stammten.

Eines Tages grub ich aus dem Erdboden ein verkrustetes, kreisrundes und flaches Lehmstück, von der Größe her konnte es eine Münze bergen. Oder vielleicht doch nur einen Stein? Vorsichtig brach ich die harte Erdkruste ab, unter dem gelben Lehm kam etwas Gewölbtes, Graues mit einer genarbten Oberfläche zum Vorschein, offenbar Metall, aber frei von Rost. Die Öse auf der Rückseite zeigte mir, dass es sich um einen alten Knopf handelte, wohl aus Aluminium, denn er war sehr leicht. Ich ließ die Hände sinken, in mir tauchte ein Bild aus meiner Kindheit auf: Ich wühle in der Knopfdose meiner Mutter, bewundere die bunten, hübschen Glasknöpfe und streichle über die warme Oberfläche der großen Knöpfe aus Horn und Schildpatt. Zwischen diesen Schätzen fielen einige graue, halbrunde, an der Oberfläche genarbte Knöpfe auf, die anders waren: sehr solide gearbeitet, aber nicht wirklich schön, und es drängte mich auch nicht wie bei den anderen Knöpfen, sie in die Hand zu nehmen. Meine Mutter erzählte mir, dass sie zur Kriegsuniform meines Vaters gehörten.

So stand ich im Sommer 2005 wie vom Donner gerührt im Garten Hermann Hesses mit einem einfachen Knopf in meiner erdigen Hand. Dieser Fund schenkte mir einen der kostbaren Momente, in denen wir ganz unmittelbar spüren, dass wirklich alles mit allem zusammenhängt. Denn ich habe keinen Zweifel, dass dieser Knopf tatsächlich von der Uniform meines Vaters stammt. Er muss abhandengekommen sein, als er als Soldat meine Mutter besuchte, die im Zweiten Weltkrieg hier im Haus Unterschlupf gefunden hatte. Für mich war es eine Botschaft meines Vaters, dieses zu Lebzeiten wortkargen Mannes, an mich: Du bist hier nicht fremd, du bist hier genau am richtigen Ort. Denn in diesem Haus sind die Geschichte der Familien Hesse und Waentig und die meiner Familie miteinander verwoben. Dieser Gedanke macht mich demütig und dankbar. In diesem Augenblick fühlte ich mich bestätigt in meinem Tun und Handeln, die Zusammenhänge, die beinahe verloren gegangen wären, zu bergen und ihnen so wieder eine Bedeutung zu geben.

♦

links Der aus dem Erdreich geborgene Knopf.

DIE AUTORIN

Eva Eberwein stammt aus einer Familie, die in Gaienhofen/Bodensee ansässig war. Ihre Kindheit und die Schulzeit verlebte sie im Wesentlichen in Krefeld im Rheinland, wo sie auch geboren wurde. Ihre Sommerferien aber verbrachte sie stets in Gaienhofen bei den dort lebenden Tanten. Die Bodensee-Landschaft und die schönen bäuerlichen Gärten dort prägten ihr Naturverständnis derart, dass sie Diplom-Biologin wurde. Das dortige Hermann-Hesse-Haus und den Garten, den einzigen, den Hesse selbst plante und gestaltete, kennt sie noch aus ihrer Kindheit.
Als das Haus im Jahr 2003 abgerissen und das Gartengelände überbaut werden sollte, kehrte sie kurzentschlossen ihrem Beruf als Unternehmensberaterin und Leiterin eines Forschungslabors einer großen Pharmafirma den Rücken und kaufte Haus und Grundstück. In jahrelanger mühevoller Kleinarbeit und Recherche renovierte sie anschließend zusammen mit ihrem Mann das Haus, legte den verwilderten Garten frei und verhalf beidem zu neuer Blüte. Sie erweckte damit diesen einmaligen historischen Ort zu neuem Leben, ein Ort, an dem der Geist Hermann Hesses immer noch spürbar ist. Zudem gründete sie einen Hesse-Förderverein und hält heute zahlreiche Führungen und Seminare ab.

DANK

Das vorliegende Werk ist das Ergebnis meines lebenslangen Beobachtungs- und Lernprozesses über Häuser und Wohnen und führte schließlich ab 2004 zur aktiven Recherche über das Mia- und Hermann-Hesse-Haus und dessen Bewohner. Ich bin sehr dankbar über scheinbar zufällige Begegnungen mit Dorfbewohnern und zahlreichen Freunden und Nachfahren ehemaliger Bewohner, die mir bereitwillig Informationen, Bildmaterial und Einblicke zur Verfügung stellten, aber auch über Erinnerungen aus meiner Kindheit in Form von Gesprächsfetzen, denen ich erst jetzt die richtige Bedeutung beimessen konnte.

Besonders würdigen möchte ich Dr. Bettina Burchardt (Wissel bei Kalkar am Niederrhein), die mir für dieses Buch mit Kompetenz, Klarheit und Einfühlungsvermögen eine wertvolle Kritikerin war und dabei half, verwobene Erzählstränge zu sortieren. Doris Burger (Radolfzell) gestaltete mit ihrer Überzeugung für das Sujet und Erfahrung in einer schwierigen, corona-geprägten Zeit die erfolgreichen Vertragsverhandlungen. Martin Maier danke ich sehr für die sensible Bildsprache.

Meine Freundinnen haben den Weg begleitet: durch Ermutigung, Begeisterungsfähigkeit und durch die Tatsache, dass sie und ihre Familien – beruflich bedingt oder einfach nur so – schöne Häuser lieben und bewohnen.

Meine Familie war mir während der Arbeit an diesem Buch eine wichtige emotionale Stütze: Sie schützte den Raum für meine Entfaltung, nährte mich physisch und ist stolz auf mich – das macht mich glücklich.

♦

FUSSNOTEN

1 Mia an Hermann Hesse, Brief vom 3.7.1904, Deutsches Literaturarchiv (DLA) Marbach
2 »Beim Einzug in ein neues Haus«, 1931, in: Hermann Hesse, *Bodensee. Betrachtungen, Erzählungen, Gedichte,* Thorbecke, Sigmaringen 1977, S. 22
3 »Kurzgefasster Lebenslauf«, 1924, in: Hermann Hesse. *Traumfährte – Neue Erzählungen und Märchen,* Fretz & Wasmuth, Berlin 1945, S. 100
4 Hermann Hesse, Brief an seine Eltern vom 18./20.10.1895, Deutsches Literaturarchiv (DLA) Marbach
5 »Mein Zimmer«, 1.6.1898, in: Hermann Hesse, *Jugendschriften,* Band 1: *Sämtliche Werke,* Hrsg. Volker Michels, Suhrkamp, Frankfurt am Main 2001, S. 155
6 Ebd.
7 Wie Anm. 2, S. 26
8 N. N., »Zwei Dichterwohnungen am Bodensee«, in: *Architektonische Rundschau,* Heft 1, 2. Beilage, Engelhorn, Stuttgart 1909
9 Wie Anm. 2, S. 28
10 Wie Anm. 2, S. 29
11 Brief Hermann Hesse an seine Eltern, in: *Kindheit und Jugend vor Neunzehnhundert, Hermann Hesse in Briefen und Lebenszeugnissen. 1895–1900,* Band 2, Hrsg. Ninon Hesse, Suhrkamp, Frankfurt am Main 2002, S. 592
12 Postkarte Hermann an Mia Hesse, April 1911, Deutsches Literaturarchiv (DLA) Marbach
13 Mia an Hermann Hesse, Brief vom 25.10.1908, Depositum Deutsches Literaturarchiv (DLA) Marbach
14 M.-L. Althaus-Boehringer, *Geschichte der Familie Bernoulli,* unveröffentlichtes Manuskript (2000), S. 3
15 Adele Guntert, *Marie Hesse – Die Mutter von Hermann Hesse,* Tagebuch, 13.8.1880, Insel, Frankfurt am Main 1977, S. 169
16 »Kurzgefasster Lebenslauf«, in: *Traumfährte,* Fretz & Wasmuth, Berlin 1945, S. 94
17 Brief Mia an Hermann Hesse, 1911, Deutsches Literaturarchiv (DLA) Marbach
18 Wie Anm. 5, S. 155
19 »Ein Schreibtisch erzählt«, Rede Volker Michels, Gaienhofen 22.7.1975, in: *Hermann Hesse am Bodensee – Zwei Vorträge,* Dorfwerkstatt Gaienhofen, Nov. 1998, S. 17
20 »Taedium vitae«, 1908, in: Hermann Hesse, *Bodensee. Betrachtungen, Erzählungen, Gedichte,* Thorbecke, Stuttgart 2001, S. 184
21 Hermann Hesse, »Die Kunst des Müßiggangs«, in: *Die Kunst des Müßiggangs: Kurze Prosa aus dem Nachlaß,* Hrsg. Volker Michels, Suhrkamp, Frankfurt am Main 1975, S. 7
22 Ludwig Finckh, »Der Rosenkohl«, in: *Gaienhofener Idylle: Erinnerungen an Hermann Hesse,* Knödler, Reutlingen 1981, S. 66
23 »Prominente Bewohner des Hermann-Hesse-Hauses in Gaienhofen«, Hermann-Hesse-Höri-Museum/ Dorfwerkstatt Gaienhofen 1999
24 Siehe www.walter-eberhard-loch.de, WEL-Kreis Salem, Zugriff am 12.11.2021
25 Wie Anm. 2, S. 29

ZITATNACHWEIS

S. 9 beide Zitate: »Beim Einzug in ein neues Haus«, 1931, in: *Bodensee. Betrachtungen, Erzählungen, Gedichte,* Thorbecke, Sigmaringen 1977, S. 18
S. 25 Deutsches Literaturarchiv (DLA) Marbach
S. 39 Deutsches Literaturarchiv (DLA) Marbach
S. 53 Hermann Hesse, *Bodensee,* S. 26
S. 65 Hermann Hesse, *Bodensee,* S. 79
S. 79 Deutsches Literaturarchiv (DLA) Marbach
S. 93 Deutsches Literaturarchiv (DLA) Marbach
S. 105 Hermann Hesse, *Bodensee,* S. 26
S. 121 »Der Kurgast«, 1923, in: Hermann Hesse, *Sämtliche Werke, Band 11, Autobiographische Schriften, 1. Wanderung (u. a.),* Hrsg. Volker Michels, Suhrkamp, Frankfurt am Main 2003, S. 47
S. 133 Hesse-Editionsarchiv Offenbach/Main
S. 147 Deutsches Literaturarchiv (DLA) Marbach

DER FOTOGRAF

Martin Maier fotografiert Menschen, Landschaften und Gebäude – von der Industriereportage bis zum Architekturfoto. Nach seinem Fotodesign-Studium an der FH Darmstadt kehrte er in seine Heimat im Süden Deutschlands zurück. Vom Bodensee aus, mit Österreich und der Schweiz in direkter Nachbarschaft, ist ihm kein Weg zu weit für das wirklich gute Bild.

BILDNACHWEIS

Alle Bilder von Martin Maier, außer: Privatarchiv Eva Eberwein: 13, 14, 16, 20 (Günter Ottens), 56 o. re. (Prof. Dr. Axel Schnell, Aachen), 68 o. re.,139 o., 140 o. re., 143 (Jörg Müller, Bern); Haus der Geschichte Baden-Württemberg, Sammlung Gebr. Metz: 11; Mit freundlicher Genehmigung des Hermann Hesse-Editionsarchivs: Dr. Volker Michels, Offenbach: 110;

© Martin Hesse Erben: 7 o., 7 u. re. (Tuccia Bernoulli); 84 re.; Hermann Hesse-Stiftung, Schweiz: 7 u.li. (Gret Widmann), 12 o. (Mia Hesse), 12 u. (Mia Hesse), 68 o. li., 99 (Mia Hesse), 100 o. re. (Mia Hesse), 103 (Mia Hesse), 128, 139 u., 141 (Mia Hesse); Kreisarchiv Konstanz, Signatur AA 23, 3899: 18, 19; Literaturarchiv Marbach: 8, 17 o., 17 u., 69;

Unbekannter Fotograf: 83 (vermutlich für die »Architektonische Rundschau«, 1909). Wir haben uns bemüht, alle Rechteinhaber ausfindig zu machen, verlagsüblich zu nennen und zu honorieren. Sollte uns dies im Einzelfall aufgrund des Zeitablaufs und der schlechten Quellenlage bedauerlicherweise einmal nicht möglich gewesen sein, werden wir begründete Ansprüche selbstverständlich erfüllen.

IMPRESSUM

in der Penguin Random House Verlagsgruppe GmbH, Neumarkter Straße 28, 81673 München

Projektleitung: Claudia Stäuble
Projektmanagement: Sabine Schmid
Lektorat: Susanne Philippi
Satz und Layout: Sibylle Schug
Umschlaggestaltung: Sibylle Schug, Astrid Shemilt
Fotos Umschlagvorder- und -rückseite: Martin Maier

Herstellung: Andrea Cobré
Lithografie: Schnieber Graphik GmbH
Druck und Bindung: Grafisches Centrum Cuno GmbH & Co. KG, Calbe

Penguin Random House Verlagssgruppe FSC® N001967

Papier: 150 g Magno matt
Gedruckt in Deutschland

MIX
Papier aus verantwortungsvollen Quellen
FSC® C043106
www.fsc.org

ISBN 978-3-7913-8828-1

www.prestel.de

EBENFALLS ERHÄLTLICH

DIE GESCHICHTE DES MIA- UND HERMANN-HESSE-HAUSES BIS HEUTE

1904	Mia Hesse, geb. Bernoulli, aus Basel mietet vom Landwirt Hepfer im Gaienhofener Oberdorf den Wohntrakt eines alten Bauernhauses für 150 Reichsmark jährlich. Einzug von Hermann und Mia Hesse im Sommer des Jahres.
1905	Geburt des Sohnes Bruno.
1906	Landwirt Hepfer kündigt den Mietvertrag zum Sommer 1907.
11. Januar 1907	Hermann Hesse kauft vom Gaienhofener Landwirt Köpfler im Gewann »Im alten Bach« etwa 16 Ar Ackerland für 480 Reichsmark.
19. Januar 1907	Hermann Hesse ersucht als Bauherrschaft um die amtliche Genehmigung eines Neubaus für ein Einfamilienhaus auf dem genannten Grundstück. Architekt: Hans Hindermann, Basel.
27. Januar 1907	Erteilung des Baubescheids.
10. Juni 1907	Zweite Baurevision des Großherzoglichen Bezirksamts Konstanz: keine Beanstandungen.
September 1907	Familie Hesse zieht in das neue Haus ein.
1909	Geburt des zweiten Sohnes Heiner.
1911	Geburt des dritten Sohnes Martin.
3. September 1912	Hermann und Mia Hesse verkaufen das Haus nebst verschiedenen Flurstücken im Gewann »Im alten Bach« an »die ledige Clara Auffermann«, Gartenbaumeisterin aus Hameln, für 30.000 Reichsmark.
1920	Clara Auffermann verkauft das Haus nebst Flurstücken an den Kunstmaler Walter Waentig aus Zittau.
Nach 1921 bis 1945	Im Zuge der Inflation und seines Berufsverbotes durch die Nationalsozialisten vermietet Walter Waentig Teile des Hauses.